限界デザイン

人類の生存にむけた星の王子さまからの贈り物

三宅理一

TOTO
建築叢書

装幀　中島英樹

はじめに

アメリカの写真家たちが世界の住宅を訪れてその住まい方をカメラに収めた写真集『地球家族』（1994、TOTO出版）を眺めていて気づかされたのは、日本人がいかに住まいの中に物品を貯め込んでいるかということである。日本の住宅は概して狭い。しかし、家電製品は次から次へと新商品を出し、家具も子供の勉強机から食卓や本棚、さらにはソファやベッドなどが部屋を占領し、季節に応じて使い分ける衣類も衣装ケースいっぱいに溢れている。スペースの余裕がないにもかかわらず、ピアノまでもが収まっている。日本の住宅の4割が工業化住宅、つまり建売のプレファブ住宅になっていて、住宅地の風景といえばハウスメーカーの住宅がいっぱいに並んだ様と言い換えてもよいのだが、その住まい方となるとメーカーのコマーシャルに出ているようなスマートでエコな近未来型のイメージとは程遠く、家にものを詰め込まなければならないという日本人の性分が出ているようで、半ば面白く、半ば寂しい思いに駆られる。

多くの日本人にとって豊かさの表象は住まいの充実度であり、それも建築デザインではなく、その中にいかに便利で多機能の品々をそろえるかにかかっているようでもある。それに較べて開発途上国の人々の生活はつつましい。室内の物品とはいっても、調理用の道具一式と食器類、それに水道がないせいか、水甕《がめ》の類が置かれているだけである。一昔前の日本、あるいは「おしん」の時代の日本とでもいった方がよいだろうか、家の中は質素であった。家電や家具の類は一切なく、あるものといえば調理用品と食器、きれいに折り畳まれた衣類、それに持ち運び用の籠といったものですべてである。

アジア・アフリカの開発途上国の生活水準から、あるいは戦前の日本の暮らし向きを通してわかるのが、陳腐でごくあたり前の表現だが、衣食住こそが人間生活の基本であるということだ。その最低線さえクリアすれば人間としての生活は支障なく送れるはずであるが、今時の先進国でそのような生活を送っているのは宗教的動機をもった人間に限られるのかもしれない。このように長く思っていたのは私だけではないだろう。しかし、ここ最近、どうも空気が違ってきた。人類を取り巻く環境の変化がこれまでのような楽観視を許さないほどの勢いで強く我々に迫ってきたのである。20世紀のような工業化にともなう躍進と大戦による破壊とが繰り返される時代ではなく、変化がじわじわと押し寄せ、土地も食料もエネルギーも限界に近づいて、生き残るためにはその枠組みの組み替えや資源のやりくりが大前提として認識されるようになってきた。言い換えれば、地球という限られた資産をあと40年ほどで人口100億を数えることになる人類が、智慧《ちえ》を絞って使い回していかなければならない時代ということなのだ。我慢強くなること、それと不要なものはきれいさっぱり整理する思考が必要なのである。

地球時代の発想は人類が有限の地球を意識し始めた頃から芽生え始めている。それを国際政治史の枠組みではなく、文明と未開、移動と停留、あるいは遊牧と定住といった視点から見直し、人間にとって住まいのあり方とはどうあるべきか改めて問うてみようというのが本書を執筆する最初の動機であった。現在の環境問題を云々するには、やはり過去からの整理が必要である。私は縁あって開発途上国に足繁く通い、さまざまな住まいの形態を実際に体験する機会に恵まれた。異文化体験とは大いに役立つものだ。遊牧民が移動式住居をいとも簡単に組み立てたり解体したりするのを見て、建築に多大な時間をかける先進国的発想とは異なったインスピレーションが湧き、セネガルのバオバブの林に到り着いたときに、サン＝テグジュペリの『星の王子さま』の原風景を見出した気分に駆られた。そんなときに、ふと感じた。サン＝テグジュペリが描く星の王子さまの住まいとはどのようなものだったのか。パリのエコール・デ・ボザールで建築を学んだことのある彼であれば、間違いなくその点を意識していたはずだ、と。

建築をつくる行為は人類とともにある。時代によってその内容は大きく異なっているが、それを文化人類学的な住まい方のレベルで見るか、あるいは制度や技術の発展から捉えるかによって見方は大きく分かれる。歴史性がないということで建築史からは無視されているモンゴルの移動式住居（ゲル）は、部材を最小限化して力学的にも大変優れた建築となっており、またロシアの丸太組住居は単純なつくりで温熱環境として保温性がよく、寒冷地の厳しい気候にすこぶる向いている。パッシブな技術を手掛かりにこれらの建築を眺めてみると、生き残るための智慧が随所にちりばめられているのがわかり、省エネルギー・リサイクル時代の我々にとっては大いに参考になる。とはいっても、技術だけでは割り切れないものが多々あるのも確かである。

そんなときに東日本大震災が起こった。関東から北海道南岸までの８００km にわたる海岸線を襲った津波によって信じられないような被害がもたらされた。多くの犠牲者が出たが、それでも人間は生き続けなければならない。そんなときに心の支えとなるのが、人間そのものに対する慈愛に溢れた温かいまなざしである。ボランティアという行為がまさにそうだ。多くの心ある人々が被災地に飛び、救援、生活支援、そして復興に手を貸している。足を運ばなくとも、いろいろなメッセージを送り届け、物資を調達し、避難者を受け入れる人々もいる。そのようなときに技術、それも先端技術以上にパッシブ技術は大いに意味をもつ。いつでもどこでも、そして誰もが使うことができるものを、ということが新たな住まいの提案に進化し、実際にそのような住まいが登場した。生き延びるためのデザインであり技術であることが、何よりも求められているのである。

工業化住宅は情報技術を採り入れてさらなる進歩の兆しを見せているが、その一方で、本来住まいとはどうあるべきかをめぐってこれまでとは位相を異にした議論が芽生えているのも事実である。そうした議論を本書では「限界デザイン」としてひとまとめにくくり、21世紀の住まいをめぐるパラダイム・シフトのひとつとして提示した。グローバルな視野から新たなデザインの動きが登場しているが、そうした流れを見直す上で一助となれば幸いである。

目　次

第１部　人は究極において
どのような家に住むのか

星の王子さまの住まい

「小さな星」にある王子さまの世界

アントワーヌ・ド・サン＝テグジュペリ（1900～44）の世界的ベストセラー『星の王子さま』はいつ読んでも心が洗われるような清らかな感動に浸ることができる。1943年に出版され、著者自身の手になる美しい挿画が描かれていて、子供でも大人でも楽しめる本である。最近、原著の版権が切れたこともあって、以前の内藤 濯《あろう》訳以外にも池澤夏樹や倉橋由美子などそうそうたる顔ぶれによる翻訳が出て、訳者による微妙なニュアンスの違いが原本の解釈を何重にも膨らませてくれる。原題は「プチ・プランス（小さな王子）」であるが、筋立てに従って「星の王子さま」と訳した内藤 濯の慧眼には今さらながら驚かされる。別に最近の環境論におもねるわけではないが、人も資源も限りある地球に住むということがいかにやるせないことかを場面の展開を通してじかに感じるのは、私ひとりだけではないだろう。

この書は子供たちに多く読まれるということで、童話と理解しても構わないが、その内容ははるかに含蓄に富み、そこに繰り広げられる情景、登場する主人公や文物にさまざまな寓意が込められていて、想像力を刺激する。おそらくはサン＝テグジュペリの育った環境や受けた教育などが襞《ひだ》となって織り込まれていて、ひとつの単語、ひとつのフレーズからイメージが次から次に展開し、意味する内容も何重にも折り重なっているようで、その奥行きを思い描くだけでも楽しい。この内容を深く吟味しようとすれば、場面となったアフリカの地に対する経験的知識が求められるのは当然として、彼の内面をかたちづくるカトリック的な素養、さらには技術者としての勘のようなものが必要であるに違いない。そのことを前提に、今、ここでひとつ設問をつくってみたい。星の王子さまは一体どのような住まいに住んでいたのだろうか、あるいは住もうとしていたのか、と。

サン＝テグジュペリは郵便飛行機の操縦士としてフランスから西アフリカに定期的に飛んでいた。『星の王子さま』は、彼自身を思わせる「ぼく」が砂漠に不時着して機体を修理しているところから始まる。1000kmも続く砂漠、バオバブの樹といった情景は、西アフリカのセネガルからモーリタニアにかけてのサハラ砂漠の西端の風景のようで、実際、彼が拠点としていたセネガルのサン＝ルイの町を訪れると、サン＝テグジュペリの名を冠したホテルやカフェがあって、彼が書いた葉書などが展示されている。バオバブは、異様に太くなった幹から老女の腕のような枝が前後左右に出て、まるで魔法使いの樹のような印象を与える不思議な樹木だが、ここ西アフリカだけでなく南部アフリカにも生息していることから、アフリカの代名詞のように語られることが多い。サン=ルイから首都ダカールに向けて南に下る道路沿いはまさにバオバブの林とでもいうべきところで、サン=テグジュペリの眼にはそのような光景が焼きついていたに違いない。

「ぼく」の前に姿を現す王子さまは、住処《すみか》としていた小さな星から出てきて、地球に降り立った。そこがサハラ砂漠である。地球でのさまざまな体験を経て、再び降り立った場所から元の星に戻るところである。王子さまと「ぼく」が交わす会話から、王子さまがどのような星に住んでいたかはよくわかるのだが、何のために地球に来たのかは結局最後までわからない。王子さまの住んでいた星は、バオバブが3本も育てばいっぱいになってしまうような小さな星であり、星自体がひとつの家であるようだ。著者による挿画を見ると、球体となったその星には火山が3つあり、王子さまが大切に育てている赤いバラが植わっている。別に屋根があったり、壁があったりするわけではないが、ちょうど庭があって室内があるような広さといってよいだろう。

この挿画は示唆的である。イメージが次から次に湧いてくる。そうしたイメージの連関を理解する際に、異なった状況で描かれた同種の図像と類比してみるのが時として大いに有効とされる。そこで頭にひらめいたのが、少々古い参照例ではあるが、18世紀の半ばに時の建築理論家マルク=アントワーヌ・ロージエが著した『建築試論』（1753、第2版・1755）の扉絵である[1]。人間の住まい、人類と文明の関係をアレゴリカルに示すとしてしばしば引用される図版であり、

バオバブのある風景 セネガル

200年の差はあるものの、ヨーロッパに流れる文明観のようなものを表していると理解されるからである。ロージエの絵では、手前の古代建築の廃墟の上に女神が座り、その横にキューピッドが立っている。奥に「家形《いえがた》」に組まれた木の幹と枝があり、女神は頭に火を燃やしたキューピッドにその家形に入るように促している。つまり、文明の表象たる火が「始原の小屋」に灯されることによって、太古の昔に始まった建築という行為が文明化されたことを隠喩的に表現しているのである。

『星の王子さま』の図版もこのような視点で眺めてみることができる。両者を重ねてみると、意外と共通点が多い。ロージエの絵で火であったものが火山となり、女神が王子さまになっていることに気づくだろう。家となるのは星そのものに姿を変えている。火山のひとつに朝食用の鍋がかけられていて、それが調理用にもなっていることからして、星と火山はそのまま家と竈《かまど》の組み合わせと理解できる。もしも小さな丸い塊となった王子さまの星が今日の有限の地球にたとえられているとすれば、著者サン＝テグジュペリの頭の中には、住まい＝環境＝地球というイメージの連鎖が存在し、その中で地球の文明が辿るべき道筋を暗示していると理解することも不可能ではない。

むろん第2次大戦の勃発にともなってフランスがドイツの占領下に入り、それを嫌ってアメリカに渡った折に著されたこの書物が、現代流の環境論を意識しているわけではないことは誰でも

文明の女神が「始原の小屋」を建築する
マルク=アントワーヌ・ロージエ
出典『建築試論』（第2版・1755）の扉絵

活火山の煤払いをする王子さま
アントワーヌ・ド・サン=テグジュペリ
出典『星の王子さま』1943

わかることだ。そもそも地球を球体として普通に思い描けるようになったのは、1960年代以降、人が宇宙に出て地球を青く美しい球体として直接に認識し始めてからである。それ以前の時代に生きたサン＝テグジュペリの場合は、たとえ若い頃、パリのエコール・デ・ボザールで建築を学んだ経験があるにしても、むしろ操縦士として高空から地球を眺めてきた長年の経験があってこそ、丸い地球の姿に行き着いたと理解する方が自然である。技術者的な経験知の世界である。それでもサハラ砂漠の上を日夜往復していた彼は、まったくの無の世界となる砂漠への驚異の念を抱き、都市文明と対極にある砂漠の荘厳さに心を清められていたのではないだろうか。星の王子さまの根底にはそのような宗教観にも近い世界への認識があったといってよい。だからこそ王子さまが、心を込めて育てた赤いバラの虚栄に嫌気がさし、蛇の言葉にわずかながらも心を許して噛まれることになる、といった話の展開にきわめて聖書的な寓意が込められていることは、容易に察しがつく。「失楽園」そのままに自身の星を脱出し、地球へと辿り着いた王子さまは、今度は人間の愚かさを悟り、最後は「放蕩息子の帰還」が許されるかのように星に戻っていった。果たして、王子さまの星はアダムとイブの楽園だったのであろうか。あるいは知らなくてもよいものを知ったがゆえに、そのちっぽけさを嘆いて地球まで来てしまったのだろうか。キツネの言葉が妙に示唆的である。「完璧な世界って、やっぱりないんだな」。

サハラ砂漠に寝る

『星の王子さま』は全編を通して美しい文体で記され、文言のひとつひとつに込められた箴言《しんげん》が教訓となって我々の日常生活に降り注いでくる。満天の星に洗われるかのようなすがすがしい気分である。砂漠を旅していると、まさにそのような情景に出くわし、砂漠という究極の土地に潜む根源的な力を感じることができる。しかし、砂漠は同時にすべての生を奪い取ってしまう暴力的な場所であり、機微に富んだ人間生活などは一切許さないような、生存のための厳しい戒律を課す。生きる意志ある者のみが生き残る。1935年にサハラ砂漠の東側で遭難したサン＝テグジュペリはそのことを熟知していたはずで、墜落から4日後にベドウィンに発見されていなければ、第2次大戦中にドイツ軍機に撃墜されなくとも、その段階で砂漠に屍《しかばね》をさらすことになっていたに違いない。人間の命の限界を知るためには、砂漠は大変わかりやすい場所なのである。

星の王子さまは砂漠の砂の上に寝ていた。これも砂漠経験のある人ならすぐわかることで、日中に熱せられた砂は夜になると大変気持ちのよい寝床となる。サソリの心配さえ怠らなければ、夜のとばりの中でひんやりとした大気に肌をさらし、柔らかいクッションとなった温かい砂の寝床に体を横たえることの心地よさは他に較べようがない。雨の降らない地域であるから、むろん屋根などの覆いは必要ない。このような場所が究極の寝所であり、少なくとも夜の間は休息と安らぎが保証されるのである。砂漠地帯を往復するベドウィンたちは、砂の上に絨毯を敷いて寝床とする。手洗い、用便の後始末などは水の代わりに砂でする。遊牧民である彼らにとっての住まいは、そのまま砂の上であって、日中はテント、それも多くの場合、黒いテントを組み上げて、その中で太陽を避ける。冬場となれば、砂漠の気温が一気に下がるので、これまたテントは重要な意味をもつ。不時着した飛行機から降り立ったサン＝テグジュペリにしてみれば、当然ながら遊牧民のような用具一式を有しているわけではなかったが、時期が冬でなかったせいか、砂の上でゆっくりと休めたに違いない。『星の王子さま』はそのような設定で記されていて、「アラビアのロレンス」などに出てくる遊牧民的な世界が入り込む必要はなかったようだ。

一見してわかることだが、ヨーロッパ的な価値観とサハラ砂漠的な環境は対極にある。どちらも日本人の住む湿潤な世界とは大きく異なるが、地中海を挟んだヨーロッパと北アフリカでは、日本と中国以上に隔たっていることは間違いない。階層的かつ合理的に構築されてきたヨーロッパの世界観と、ゼロか一かの選択の中でできあがったサハラ的世界は、その根本において異なる。サン＝テグジュペリの時代は既に飛行機が日常生活の一端を占めるようになり、ヨーロッパ的テクノロジーが砂漠を凌駕するように、世界はグローバリゼーションに向けて動き出していた。彼の任務は、フランスからスペインを抜け、サハラ砂漠を縦断してセネガルに達し、さらにその先のブラジルを結ぶ南米との最重要ルートを飛ぶことにあった。大西洋は狭く、セネガルからブラジルの先までは3000kmを若干越す程度であった。しかし、ひとたび砂漠に降り立てば、古代と変わらないベドウィン的な生活が支配していた。サハラ砂漠を縦断する道路ができ、輸送トラック（ローリー）が走るようになるまでには、さらに20年を待たなければならない。蛇足ながら、サン＝テグジュペリが飛んでいた南米へのルートは、当時、ドイツから飛行船も飛んでいて、ル・コルビュジエなどは、ブラジルの公共建築の仕事をするにあたって、飛行船でリオ・デ・ジャネイロ往復を果たしている。足元を行く砂漠の隊商とは別格の世界であったが、1937年のヒンデンブルク号の事故がきっかけとなって路線廃止の憂き目にあったことをつけ加えておこう。

『星の王子さま』のキーワードのひとつは間違いなくアフリカである。事実、20世紀の世界の発展を考える上で、アフリカの存在は意味深長である。列強の領土獲得競争の犠牲となり、収奪と暴力が長らく支配して、最後まで成長に取り残された地域として今日に到っている。その一方で、土地固有の造形力がモダニズムにインスピレーションを与え、強烈なビートがロックの源泉となった。激しさと悲しみとが共存する世界である。しかし、今のアフリカは、歴史に対する感傷を許さないくらい切羽つまった環境条件下に置かれている。マグレブやリビアなどの地中海地域とブラック・アフリカとの間に横たわる広大なサハラ砂漠がそのことを具体的に示す。年々肥大化を続ける砂漠の存在は、かつての帝国主義になり代わって自然そのものが領土的野心の化身となったのではないかと思わせるほど激しいもので、それが人類にもたらす影響ははかり知れない。アフリカ大陸の33%、世界の陸地の7%を占めていて、ウラル山脈以西のヨーロッパ全体の面積に等しい。しかも1年に0.6%ずつ面積を広めているという事実からもその点は理解できるだろう。現在の砂漠面積が、星の王子さまの時代に較べて3割も広くなっているということであるから、その間にフランスが3つも4つも砂漠になってしまったようなものである。ロマンティックな感情に捉われている場合ではない。砂漠体験は過酷であるがその絶対的な風景から美意識を生み出してきた。しかし、今日のサハラ砂漠は、王子さまが喜んだ象をも飲み込むうわばみのように、周りの世界を次から次へと飲み込んでいってしまう恐ろしい存在になってしまったのである。

宇宙船地球号

地球がひとつの運命共同体であるとの思想は比較的最近登場した考え方である。世界はまだまだ広く、未開の大陸や未知の極地を開拓し領土とするという帝国の論理がまかり通っていた19世紀とは異なり、20世紀の半ばを過ぎる頃から、地球は狭く、限られた資源しかないことが現実として強く意識されるようになってきた。人間が空を飛ぶようになってから70年もしないうちに月にまで到達するという飛躍的な科学技術の進歩が人類に新たな智慧を授けたといってもよい。宇宙の時代を迎えてみると、地球はたったの1時間半で1周できてしまうちっぽけな存在でしかなく、それまで培ってきた人類の文明が、宇宙の中ではほんの1コマにしか過ぎないことが実感をもってわかるようになる。科学技術の進化は両刃の剣の側面をもち、人々は速度(交通)や同時性(通信)といった新たな尺度を獲得して生活がどんどん便利になる一方で、それを支えるエネルギーの消費量は圧倒的に大きくなる。石炭や石油といった化石燃料をエネルギー源とする限り、それが枯渇することはわかっているわけで、産業化が進み、人口が増え、人々が都市生活を享受するようになればなるほど、逆説的に危機は近づいてくるのである。

その点を意識してか、誰からともなく有限な地球を指して「宇宙船地球号」(スペースシップ・アース)と呼ぶようになった。地球を宇宙船にたとえるという発想はジュール・ヴェルヌ的世界からの援用であるが、1950年代を過ぎて、いよいよ現実的なものとなった。ノーベル賞学者のケネス・ボールディングが著した『来るべき宇宙船地球号の経済』(1966)は文字通り、その言葉を前面に出し、カウボーイ的な自由主義経済から地球の有限性を前提にした環境の経済への転換を唱えている[2]。有限な資源の管理こそが重要であると説き、この言葉はまたたくまに世界各地で使われるようになった。そうした中で、もっとも鮮烈なイメージをこの言葉に与えたのは、20世紀の鬼才といわれるリチャード・バックミンスター・フラー(1895〜1983)であろう。1968年に出版された『宇宙船地球号の操縦マニュアル』と題された書が爆発的にヒットし、世界中から注目される。よい意味でのアメリカ的な土壌に育ち、哲学者、数学者、建築家、発明家であることを自他ともに認めるフラーは、その自由闊達な思考の末に、地球全体の「操縦法」を編み出すのである。彼は若い頃、「ダイマキシオン」と命名された一連の概念モデルを提唱した。住居も自動車もそのモデルにもとづいてデザインされ、さらには地図にまで到り着く。「ダイナミック」と「マキシマム」を合成して名づけられたこの用語は、フラーの近未来的な空間とプロダクトの総体を指し示す語として用いられるようになり、遂には地球規模の包括的な構造モデルにまで適用されていく。地理概念と合体した移動式の住まいといってもよい。さらに、力学の究極として球体となったジェオデシック構造を構築する。このジェオデシックを手掛かりとして、文明を概念としてだけでなく、地球という完結した領野の中で立体的に可視化して見せることのできる稀有な天才であった。

若い頃のバックミンスター・フラーの経歴を見ると、およそ天才のイメージにはそぐわない、地味で無骨な青年だった。アナポリス（海軍兵学校）に学ぶものの、作戦士官ではなく通信士官として裏方の役目を任じられる。それでも海上勤務がいたく気に入っていたことは、後の彼の言説から容易に推測できるのであるが、妙にビジネスに色気を示して、うまくもないスケッチを描いては周囲に売り込もうとするので、人々の顰蹙《ひんしゅく》を買い、評判は散々だった。ヨーロッパでは同時代の建築家ル・コルビュジエやグロピウスたちが新時代のマニフェストをたずさえて颯爽と世に出ているのに対して、野心は強いがアマチュアの域を出ない空想家と見なされていた。しかし、

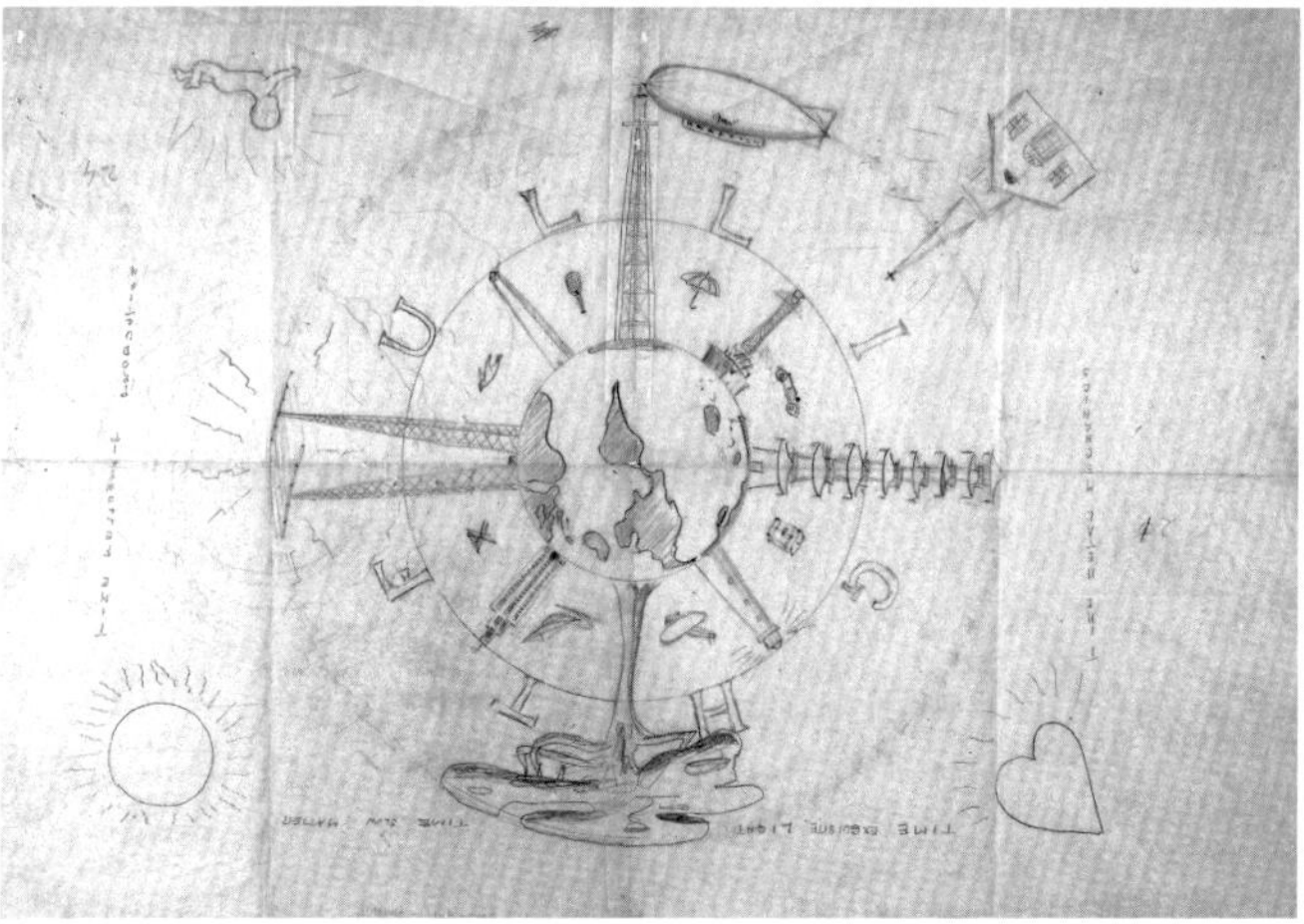

リチャード・バックミンスター・フラー「ライトフルハウス」1928

海軍での経験は彼に海の男としての気位と忍耐強さを与え、それ以上に有用だったのが軍には欠かせないロジスティックス（兵站《へいたん》）の思想である。

その頃の彼を知るのに、世界恐慌直前の1928年に描かれた「ライトフルハウス」と題された一連のスケッチはわかりやすい[3]。それが新たなビジネスの提案だということを考えると、絵のでき具合は稚拙のそしりを免れないが、サン＝テグジュペリの星の王子さまとの違いが明確で、その点がなかなか面白い。ひとつの星（地球）に世界を託そうとする姿勢は一緒である。しかし、地上で展開する生活のあり方がまったく異なっているのだ。何しろ、地球の上には機械時代の象徴のように船、自動車、汽車、飛行機が動き回り、灯台、通信塔、飛行船繋留塔が空を突き抜けて立ち上がっている。サン＝テグジュペリと較べると、あまりにも直截な近代文明賛美である。確かに当時は摩天楼の時代を迎えており、ようやく飛行機の時代に入った頃で、ちょうどサン＝テグジュペリが操縦士としてアフリカの上を飛び出した時期に対応している。バックミンスター・フラーも海軍時代に一時操縦桿を握ったことがあるというから、空に対する衝動は人一倍であったと推察される。ヨーロッパ人と違うのは、彼が躍進する20世紀のアメリカ文明を一身に受けていたということで、地球に対する内省的な視線ではなく、上に上にと突き上げていく都市文明のベクトルをそのまま体現している点である。むろん、それだけであったら当時の企業家の多くがそうであったように、物質文明を信奉する単なる進歩主義者に過ぎなかったであろう。しかし、そうでないところが彼の彼たる所以《ゆえん》である。

ユア・プライベート・スカイ

バックミンスター・フラーの初期のスケッチ類は地球というスケールで世界の動きを捉えていて確かに示唆的ではあるが、どこか機械文明の暴力を示しているようで、人間性が欠落しているとの批判がある。しかし、その構図をよく眺めると、どこか不思議な奥行きのようなものを感じざるをえない。たとえば先に挙げたスケッチには、地球を囲むように太陽、教会、乳児（キューピッド）、心臓（聖心）という4つのアイコンが描かれている。地図を囲んで図像を入れるというやり方は近世ヨーロッパの地図の世界では普通に行われていたが、子供の絵のようなタッチで描かれたそれらの図像を東西南北の寓意、あるいはキリスト教絵画の約束事であるイコノグラフィーに即して理解することも可能である。さらに深読みすれば、彼が信奉していたに違いない天文学の祖ケプラーが示す占星術的な表象を敷衍《ふえん》したといえないこともない。後に彼が示すことになる宇宙開闢《かいびゃく》の基本としての三角形、正四面体、作用・反作用、回転運動、波動といった概念は、まさにケプラーに始まる宇宙観といってもよい。

そんなバックミンスター・フラーの世界観に特徴的なのは、「シェルター」についての意識である。

それも即物的な意味での「シェルター＝覆い屋」ではなく、愛情と慈しみに溢れた究極の住まいであった。それをシンボリックに表すのは、先の4つのアイコンのひとつとなる乳児の図像である。図像学的に見て、それがキューピッドであることは意味深長である。前年の娘アレグラの誕生が大きな影響を与えたといわれるが、深層心理的に考えれば、そのまま人類の起源に繋がる意識が宿っているといってよい。人類をいたわるように包み込む安住の場所となっていくのである。後になって彼は生存のための基本要件として「食糧、水、シェルター」を掲げているが、今日のエコロジーの端緒ともいえる考え方が、この頃から徐々に芽生えていたのである。慈愛の心が変化を遂げて、生存のための科学とでもいう見方に発展していった。技術論的な視座を確立したといえるだろうか。彼がその頃発行した雑誌は文字通り『シェルター』と題され、地球の上での生き方に対してさまざまな示唆を投げかけた。「『シェルター』とは、機器的な安全性であると同時にエコロジーとエコノミー（経済学）が結合したものの供給を意味する」（『シェルター』誌）[4]。

　このシェルターが地球規模での意味をもつようになるのが、第2次大戦後になって提案された「ユア・プライベート・スカイ」のコンセプトである。地球の一画にしつらえられた巨大なシェルターといってもよい。人々をその中に住まわせる、語の本来の意味におけるドーム（ラテン語の「ドーマ＝家」から派生）をつくり上げることで、人々は空を私する特権を得るのである。世界は家の概念を介して拡張していく。そもそもエコロジーやエコノミーを規定する「エコ」はギリシア語

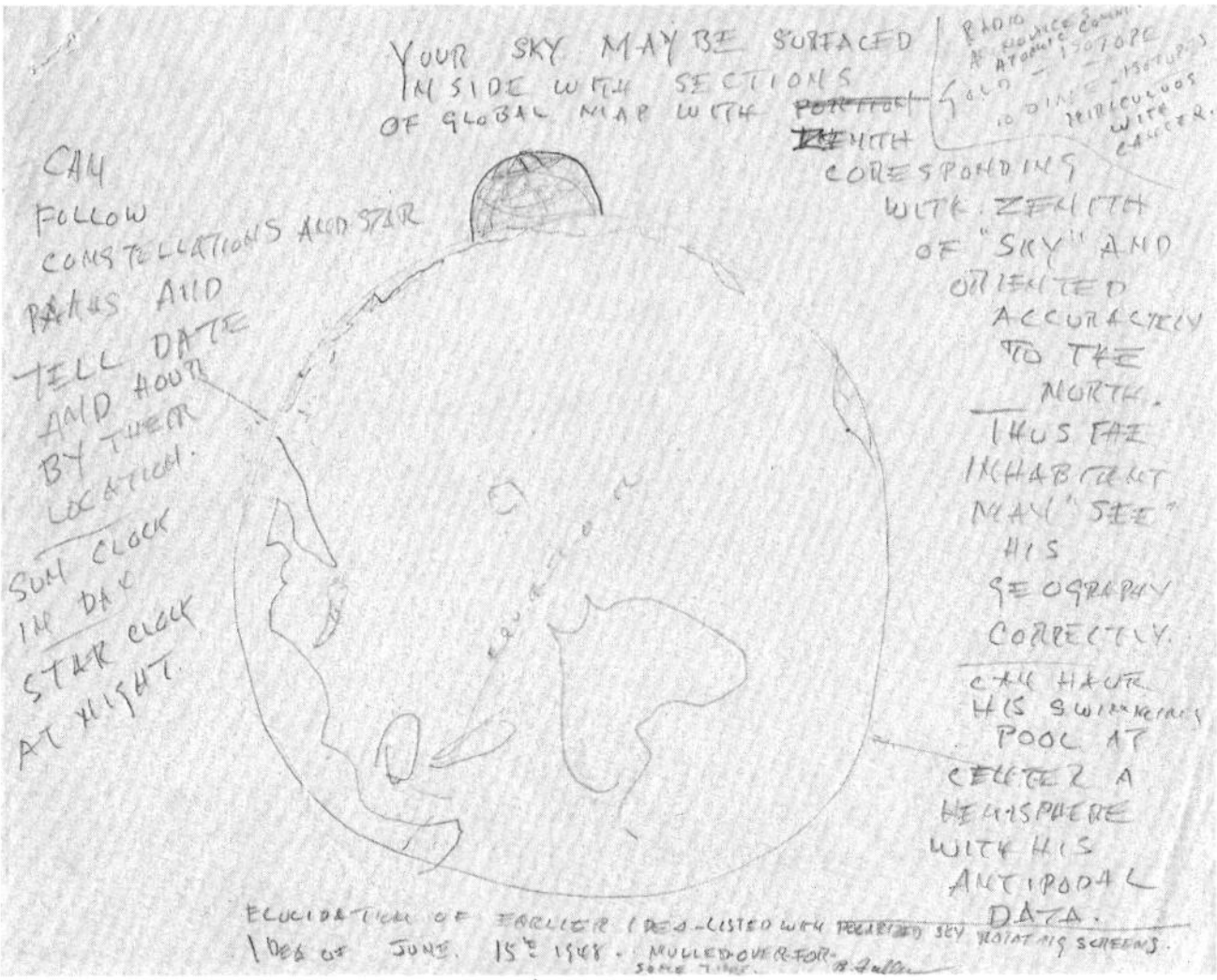

リチャード・バックミンスター・フラー「ユア・プライベート・スカイ」1948

で家を意味する「オイコス」を語源としているわけで、学としての「エコ＝家」が地球を律し、人々に安寧を与えるのである。この時点でバックミンスター・フラーはサン＝テグジュペリと同じ地平に立ち、さらにそこから違った道に進んでいくのである。有名なニューヨークを覆うドームの構想（マンハッタン計画、1960）は、まさにその延長線上にあったといってよい。

「宇宙船地球号」の根底にはこのような人々の安住の地をめぐる思索的な展開があった。海軍出身ということもあってか、バックミンスター・フラーは文明の源流を海に求め、それが地球、宇宙へと広がっていく。彼の言説は時として寓意的である。地球上の広大な空間を自由に駆け抜けるのが海賊であり、ノアの箱舟であった。場合によっては攻撃的になって古い時代の遺物をたたきつぶし、そうでないときには人類の救済というテーマを掲げて大海原に乗り出していく。その思考が宇宙時代の到来とともにはるかに大きなスケールで展開していくことになるのである。

地球のジェオメトリー

1950年代の後半になると、世界は一気に宇宙の時代を迎えるようになる。人工衛星が打ち上げられ、月面探査をめざして米ソが激しい競争を繰り広げる。バックミンスター・フラーが頭角を現してくるのは、冷戦構造の中でのアメリカにとって必要かつ欠かすべからざる人物としての評価が定まったからとの指摘もあり、それ自体はあながちうがった見方ではない。アメリカの国家戦略として宇宙開発が現実のものになってきたこの時代、彼のような卓越した構想力が必要だったことは間違いない。そうした空気に後押しされて、彼の構想は実現性をもって語られるようになり、アメリカの産軍共同体から引き合いがくるようになる。NASAのアドバイザーを務めるようにもなった。だからといってエスタブリッシュメントとならないところが彼らしい。大学でのワークショップを通して学生との共同研究を進め、さまざまなプロトタイプを開発していくが、そのことから左派の学生支援の嫌疑でCIAから要注意人物に指定されたという事実が彼の性格をよく物語っている。

初の有人宇宙飛行はソ連が先鞭をつけた。1961年のガガーリンの飛行がそれであり、「地球は青かった」という言葉が世界中を駆けめぐる。地球のかたちが地球外に出た人間の眼によってじかに観察されるようになり、SFの世界にしかありえなかった惑星間を動く宇宙船が現実のものになってきた。その意味でも1960年代は宇宙の時代の幕開けといってよい。人々の想像力も一気に宇宙に飛び、やがて「2001年宇宙の旅」（1968）のような謎に満ちた宇宙の世界を描いた映画が爆発的にヒットする。戦前であったならば奇想天外として片づけられていたであろうバックミンスター・フラーの地球を覆うシェルターの概念も、ごくあたり前に人々に受け入れられるようになっていった。「太陽と月が風景の中に輝き、空はくっきりと見えるが、熱、塵、虫、眩しさといった不快なものは『エデンの園』のような内部空間を創り出すこの外被によって制御されるだろう」という彼の言葉は、聖書的な寓意とアクティブ環境制御技術とが混在する一見不思議な言説だが、その背後に若い頃彼が思い描いていたキューピッドの世界を垣間見ることも不可能ではない。当時流行したヒッピーなどの自然賛美論とは一線を画しているものの、「宇宙船地球号」の乗組員としての強い共同体意識を鼓舞する点でノアの箱舟を髣髴《ほうふつ》させるのである。

意外と知られていないことだが、バックミンスター・フラーの建築的構想力を支えていたのは日系人建築家のサダオ・ショージであった。デザイン系の教育を受けていないフラーのデッサン力はどう見ても素人の域を出ないのだが、その未熟さをカバーしつつ彼の天才的な構想を即座に理解して建築としての完成度を与えたのは、ショージその人なのである。イサム・ノグチなど多くの世界的なアーティストと共同したショージの経験が、この場合も生きた。一連のドーム構造を実現すべくフラー&ショージ事務所を構え、国家的なプロジェクトを行うようになるが、そのもっとも象徴的な作品が1967年のモントリオール万国博のアメリカ館である。

バックミンスター・フラーの関心はある面できわめて形而上学的である。球体をいかにして幾何学的な構造に置き換えるかということで一生を費やした。ケプラー的な地球と天体への想い入れから始まって、幾何学化への試行錯誤を繰り返し行ってきたといってもよい。そして、最終的にはドームと地球とが置き換え可能という絶対的な確信に到るのである。彼の発案した幾何学モ

リチャード・バックミンスター・フラー「モントリオール万国博アメリカ館」1967

デルの中でも特にテンセグリティと呼ばれる多軸体モデルとジェオデシックと総称される多面体モデルは群を抜いている。前者は、ワイヤによってロッド（棒）を引っ張り合い、それを球状にまとめ上げた独自の張力構造で、軸によって分節されるのが特徴である。後者は、球面を分割していって正n面体となし、二重の多面体を合わせて球体の相似形をかたちづくる。モントリオールで用いられたのはジェオデシック構造で、やがてこの構造は気温の変化に対応して大気中に浮遊する究極の球体として構想されていく。幾何学の内容を語るのは本論の趣旨ではないので、ここでは触れないが、幾何学こそがかたちと構造をつくる上でのもっとも基本的な原理であり、バックミンスター・フラーが唱えたエコ＝ドーム＝地球という構築的な思考は、サン＝テグジュペリ的な心象風景の対極にあるといってよい。

『星の王子さま』の出版から四半世紀を経て人類は月に到達し、運命共同体としての地球がいよいよ実際のものとして認識されるようになる。シェルターとしての地球は、巨大なドームと等価に語られ、食糧、水などの人類の生存に欠かせない基本要件をともなって、人類に新たな義務を課すことになるのである。

「高貴なる未開人」をめぐって

「文明」と「未開」の認識

現代人の多くは都市社会に住んでいる。国連統計によると、２０１０年の都市人口率は世界全体で50・8％におよび、中でもイギリス（90・1％）やアメリカ合衆国（82・3％）は突出していて、ほとんどの人間が都市に住んでいる。我が国（66・8％）は農業国といわれるフランス（77・8％）よりもまだ農村人口が多いようではあるが、21世紀の半ばには欧米の水準に達するようだ。だから、相当数の人間は都市の恩恵に与《あずか》りながら暮らしているということで、そういう人間が、都市ではない未開の土地を思い描くのは意外と難しい。だからなのか、冒険もの、探検ものの書物の類が結構流行っていて、たとえば椎名 誠や西木正明の北極圏やアマゾン紀行などは文体の面白さもあって、思わずのめり込んでしまう。それでも読者の大半は仮想体験を楽しんでいるわけで、よもや自分がそんな場所に行くとは思っていないだろう。それにテレビで人気のある奥地探検ネタで裸族が出てきたりするのもそれなりの演出があることは視聴者の了解済みで、本当にそんな世界が実在するとは考えていないに違いない。

しかし少なくとも100年以上前の世界では、グローバリゼーションなどという言葉もなく、「未開の地」という概念が実際に存在し、それを対象とする学者や探検家が世の中で高い評価を受けていた。ヨーロッパにしても日本にしても、安住の地からあえてそのような土地に足を運ぶということは、特別な国家的使命を帯びているか、さもなければ石油採掘やダイヤモンド鉱の発見といったよほどのビジネスチャンスでもなければあり得ない話であった。しかし、そういうミッションが繰り返し行われていたからこそ、知られざる世界に対する科学的理解、地政学的認識が広がっていったことは事実である。

歴史的に見ると、そうした「未開地へのまなざし」が成立し始めたのは17世紀から18世紀ということができそうである。いわゆる啓蒙主義の時代である。本書の主題である住まいの原型という観点から見ると、それ以前の時代、つまり大航海時代やバロックの時代は支配への欲望がむき出しとなって、人々が相対的に棲み分けをするというような多様性の価値観はむしろ存在しなかったといってよい。未開地は征服されるべき対象であって、新大陸に向かったスペイン人やポルトガル人、シベリアに向かったロシア人、新疆《しんきょう》に進出した清朝の中国人は、皆そのような領土的野心を抱いて拡張を遂げたのである。そんな外国勢の攻勢に恐れをなした日本人は、鎖国を国是となした結果、本来的にそのあたりの事情に疎くなり、未開の地といってもせいぜい蝦夷《えぞ》地、さも

18世紀に描かれたタヒチの原住民

なければ千島列島あたりをイメージする程度に留まってしまった。世界はその時期、つまり日本人が江戸時代を享受している間に、地球に対する新しい視野と価値観を得るようになる。その具体例となるのが、未開なるものに対する視座の転換である。

第2次世界大戦の激戦地ガダルカナル島から島伝いに西に500kmほど移動したところにブーガンヴィル島と名づけられた大きな島がある。四国の半分ほどの面積をもつが、このあたりは日米が熾烈な戦いを繰り広げ、今でも当時の航空機の残骸が転がっているくらいの古戦場である。戦中派の日本人には山本五十六《いそろく》が撃墜された場所といった方がわかりやすいかもしれない。ニューギニアから太平洋の南に広がった群島圏は、赤道の南にあるということからメラ（南）＋ネシア（島）と呼ばれており、ブーガンヴィル島は、山本五十六が出撃したラバウル海軍基地を擁するニューブリテン島、あるいはリゾート地として定評があり「天国に最も近い島」と呼ばれる仏領ニューカレドニアなどと並んでその中心的な役割を果たしている。島名となったブーガンヴィルというのは18世紀の王政期から19世紀初頭のナポレオン時代にかけて生きたフランスの軍人で、当時の仏領カナダやフォークランドを転々とした後、国王の命を受け、3年間をかけて世界一周の航海を行い、ここメラネシアの島のひとつに自分の名前をつけることになった[5]。彼の功績は、天文学者、植物学者など、多くの科学者たちからなるミッションを率いて各地を調査して回ったことで、その結果、太平洋の地誌や動植物がヨーロッパに詳しく伝えられることとなった。

このブーガンヴィルの航海は、本人の筆になる『ブーガンヴィル航海記』を通して当時の知識人の間で評判を呼び、同時代の哲学者ディドロがその補遺を認めて論争を仕掛けたほどである。対話形式で記されたディドロの文章の中で、特に強調されているのが、当時の人々が「高貴なる未開人」と形容することになる太平洋諸島の原住民についてである。ポリネシアやメラネシアの島々は、もともとマレー系の人間が遠い昔に散ってできた文明圏に属しているが、温暖な自然、豊富な海産物に恵まれて昔ながらのゆったりとした生活を維持することが可能であった。都市化が進み、産業が育ちつつあるヨーロッパ人の眼には、高度な学問も技術もない昔のままの「未開」の地と映るわけだが、さすがにこの時代のヨーロッパ人学者となると、それをもってヨーロッパの絶対的優位を誇示するような不遜な人間たちではなかった。観察眼が優れている。島嶼《とうしょ》民の独自の社会構成と秩序を分析し、維持されてきた古式ゆかしい文化に人類史の新たなモデルを見て取ろうとする。

　彼ら海の民の文化と生活に「高貴なる」という形容詞がつけられることになったのは、ヨーロッパの直線的な発展とは異なる背景をもつ非歴史的なトポスの発見というニュアンスを含んでいる。彼らは「自然がくれた純粋な本能に従って生きている」のであって、「人間がつくり出した欲求だとか、なんの根拠もない美徳だとか」（ディドロ）をもち合わせているわけではない[6]。ある意味では原始人のそれとあまり変わらないとされるが、だからといって人間性に劣っているわけではない。差別や犯罪の発生、生産や分配のメカニズムという視点から見て、むしろこちらの方が優れた社会である、ということでこれら太平洋の島々の存在が、ヨーロッパ文明を反省的に捉え直すきっかけとなった。気候風土に恵まれて、暮らし向きがよいのである。フランス人が今でもタヒチやニューカレドニアの古い文化を好むのは、この時代に沸き起こったポリネシアやメラネシア贔屓《びいき》の空気が今なお続いているからに違いない。

始原の小屋

「高貴なる未開人」の発見はセンセーショナルにヨーロッパの学会に報告された。世界は古典時代から中世を経てルネサンスに到り、今日の時代を迎えたという、ヨーロッパ人の歴史認識には乗らない不均衡な不連続体である。あるいは、西洋と東洋という区分では捉えきれない、まったく別の世界がある。つまりは一様性という価値観を打ち破る具体的なケースがそこかしこに存在しているということだ。それを実際に示すのが彼ら「未開人」の暮らしであり住まいである。タヒチやブーガンヴィル島で調査をした学者たちは、現地人の住居のスケッチを描き、集落の見取り図を描いた。木造の高床式の住宅は、太平洋を知っている日本人から見ると、そう違和感はないかもしれないが、重苦しい組積造を見慣れたヨーロッパ人の眼には、温暖で安楽な楽園の住まいに見えたことだろう。この見解が、建築学者たちの間で議論されていた「始原の小屋」（プリミティブ・ハット）という概念と重なり合うこととなった[7]。

その当時のヨーロッパ人が共有していた歴史観は、ヘロドトスやタキトゥスによって描かれた古代世界、つまりはギリシアやローマの時代から、スコラ哲学が一世を風靡し、トマス・アクィナスに示されるように神を頂点として階層づけられる中世のキリスト教的な世界を経て、再び古代的価値観が復興するルネサンス（再生という意味のフランス語）に到る道筋を前提としていた。今日流にいえば文明の発展段階なるものに対応しているが、当時としてはむしろ地球という惑星のもつ天文学的な周期と読み替えて理解していたきらいがある。唯神論を否定する同時代のヴォルテールが打ち出した、世界の発展は「自然の通常の周期」に並行して発生する歴史の法則にのっとるという考え方に、その点を見て取ることができよう。事実、文明は発展するものであり、生産と流通の仕組みが人々に恵み、それも経済的かつ物的な恩恵をもたらすものと意識されるようになっていた。当時の先端領域である建築はそのもっとも代表的なものであり、国家の富や品格を代弁する装置でもあった。そんな中、歴史の流れを遡及《そきゅう》して、人類の発生と関係づけて建築の発生を論じ、そこから建築の本質に到ろうとする動きが起こってくる。ある種の原理主義であるが、「アダムとイブの時代」に戻ってこそ人類の本来の姿が見え、人間性を取り戻すという理屈である。

実際、最古の建築書といわれる古代ローマのウィトルウィウスの『建築十書』も、この問題に触れており、最初はウィトルウィウス解釈として、つまりは古典解釈として、その議論が始まった。むろん、考古学の発展していないこの時代にはそのような人類の黎明期の遺構など見つかるわけはない。建築家や理論家は頭の中で勝手に生成期の住居を思い描いていたのである。

この問題に関連して常に取り上げられるのが、先に取り上げたマルク＝アントワーヌ・ロージエが著した『建築試論』（1753）の扉絵である。この扉絵自体は、第2版（1755）に初めて登場したものであるが、建築の発生を隠喩的に捉えてわかりやすいことから、後世、多くの人間がこれを引用する。繰り返しになるが、重要な図版なので、ここで改めてその意味するところを説いてみよう。扉絵の構図は、右手に座す女神が、その横に立つキューピッドに、奥に設けられた木の幹と枝を組み合わせてつくった「家形《いえがた》」に入るよう指示する、というものである。女神の足元には崩れた古代建築の破片が散らばり、キューピッドの頭には火が燃えているので、木で組み立てられた小屋に文明の表象である火を入れるということがわかる。ロージエはこの絵を用いて、建築は柱（木の幹）と梁（横に張られた枝）と破風《はふ》（三角形に組まれた枝）からできているると、その原理を説く。「家形」にもとづく原型論であり、それを厳格に適用して同時代の建築の形式を律しようとするのであるから、かなり強引な建築理論であることは間違いない。ただ、この種の議論はロージエが初めて行ったわけではない。彼の前にイタリア人建築家を含めて多くの論者がおり、特にパリを代表するルーヴル宮殿の東側ファサードを設計したことで名高いクロード・ペローのなしたウィトルウィウス註解は、本来、図版などまったくついていなかった『建築十書』に、彼なりに理を尽くして古代建築の復原を行ったもので、多くの人々から絶賛された。この中で人類発祥時の太古の住居の想像図も描いている。[8] 出自が医者であり、技術に詳しいペローが行った復原の方が、確かに他の誰よりも説得力があった。

ともかく、ヨーロッパの建築界では、18世紀の中頃までに、太古の昔の人間が住み始めた住居は木の小屋であるという解釈が一般的となり、それを「始原の小屋」（プリミティブ・ハット）と呼ぶようになっていた。この解釈に傍証を与えたのがブーガンヴィルに代表される太平洋地域の調査グループである。彼らが確認した太平洋の未開人が木の小屋に住んでいるという事実こそが、文明論的な枠組み、今流にいうなら文化人類学的な視点を導き入れて人類史の枠組みを再編することとなったのである。言い換えれば、歴史という縦の軸に対して、地理と生活文化という横の軸を重ねることで、歴史だけでは追い切れない「太古の昔」の住まいを論証しようとした、ということである。ダーウィンの1世紀前になされた世界一周の航海が、このように文明を渉猟《しょうりょう》する旅として位置づけられ、人類史に対する仮説を書き換えたのである。

この「始原の小屋」と「高貴なる未開人」の合体は、啓蒙主義の時代の社会思想家に大きな影響を与えた。その代表格はジャン＝ジャック・ルソーである。本来、都会よりも農村を好み、洒脱よりも野卑を好み、喜怒哀楽の激しい人間であったルソーにとって、都会人の偽善にも似た文明批評はおよそ端から相手にすべきものではなかった。それよりは遠く彼方の未開人に心を寄せ、人類の始まりがいかに幸福に満ち、人間性溢れるものであるかを説き、それを『人間不平等起源論』に集約してみせた。「野生の人はただ本能のままで自然状態に生きるために必要なものすべてをもっていた」のである。太古の昔、自然と同化して生きていた人間は「等しく本能と理性とによって、自分を脅かす害悪から身を守るだけに留まった」のである。誰しもが平等であり等しく分配の恩恵に与った。人類の進化はその平等を奪い、支配と従属という関係をもたらした。極論すれば、歴史の発展は人類に不幸をもたらしたということである。歴史の根源に遡って、その流れを逆転させることがありうるということが、やがてフランス革命の理論へと繋がっていったことは、歴史家が共通して指摘することである。ただ、18世紀においては、この種の道徳論は政治思想にはなりえても、芸術や建築の本質的な転換＝革命にはなりえなかった。芸術家や建築家は、クライアントたる王侯貴族やブルジョワ層の利益代表であって、19世紀に登場するような博愛思想（フィランソロピー）すらもちえなかった。

今であれば、「人は生まれながらにして自由である」というルソーの思想は、突出した政治革命に向かうよりも、彼の作曲した「むすんでひらいて」（原題は「村の占い師」）を誰しもが口ずさむことができるように、社会の中でごく普通に共有されて然るべきものである。「住まう」ことは、社会の日常性のレベルそのものであるが、18世紀以前の時代においては、住まうという行為に思

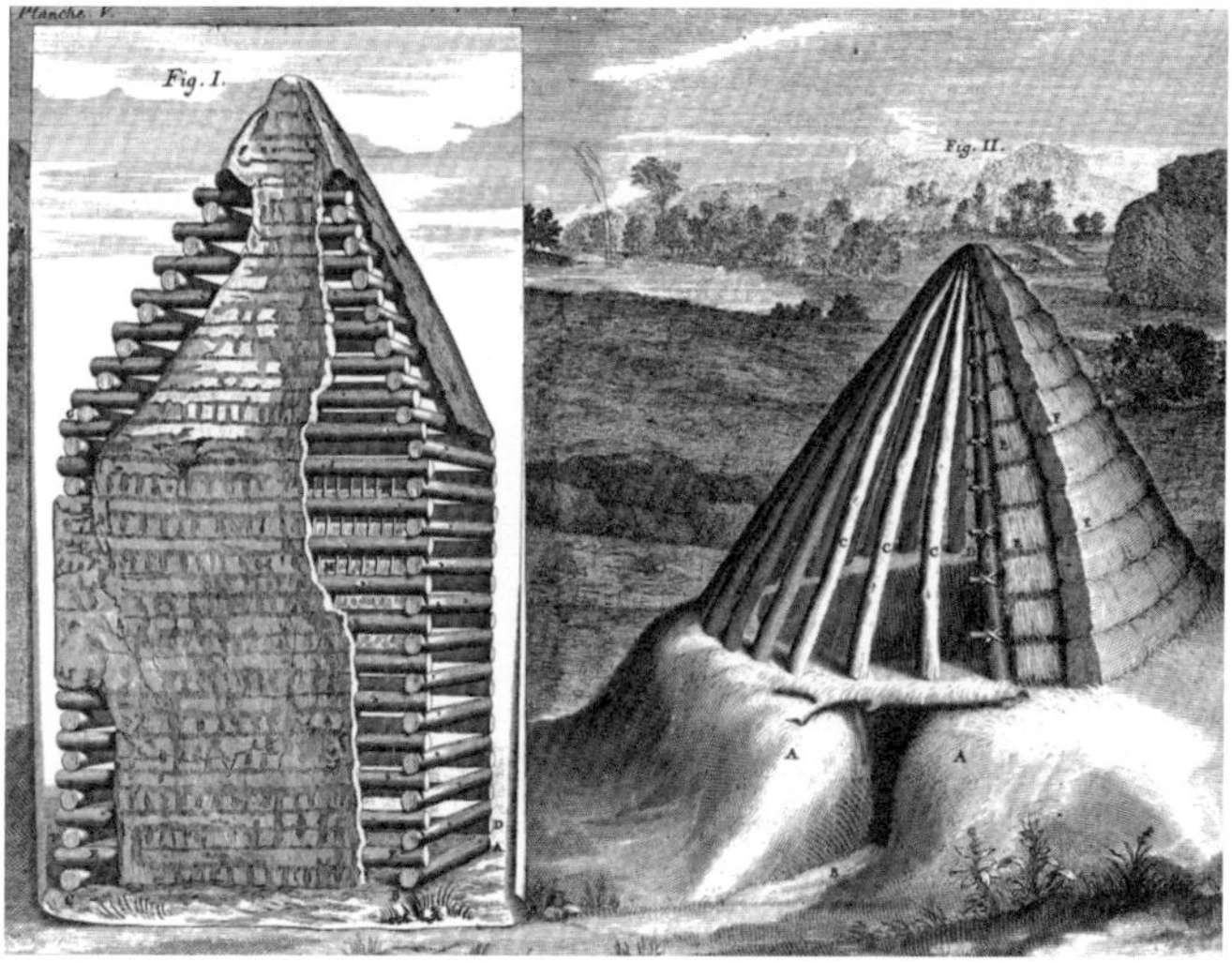

クロード・ペロー「太古の住宅」 出典『建築十書』1684

索を介することなどなく、従ってその本質を問うということもなかった。住まいは建築デザインという美学にはなりえても、人間性の根幹に関わる主題であるとは誰も考えなかった、ということである。それが覆されるのは、啓蒙主義という時代精神のもとで、ヨーロッパを相対化し、「未開」というバイアス、あるいは概念モデルを介して自らを理解することが可能になってからである。ヨーロッパからの独立を果たしたアメリカでは、「未開」の地に新天地を打ち立てたという経緯もあってか、幾分かはその志向が強く、政治家でもありパラディオ主義を奉じる建築家でもあったトーマス・ジェファーソンの掲げた古代的理想主義（民主制）にその片鱗を見ることができる。

もうひとりのパイロット、マルセル・グリオール

話は一気に近代に飛ぶ。近代的思考にとって、「未だなされえぬもの」、つまり未開とか未踏といった事柄は征すべき対象となり、そのまま放置することは許されない。地理がそのよい例である。意外に思えるかもしれないが、世界地図が地球上のすべての地点をカバーして完成するのは、北極と南極という氷に閉ざされたふたつの極の解明が進んだ第2次大戦後のことで、つい最近の話である。地球科学が飛躍的に進歩した今日から見れば信じられないが、今から1世紀前の段階では、世界を動くということがまだ暗闇を手探りで進むような状態にあったということだ。日本、

朝鮮など鎖国をしていた国々が門戸を開き、国境を越えた人々の往来、商業活動が活発となっても、まだ辺境があり、シベリアやヒマラヤなど測量がおよばない地域が残っていた。地理の空白はどうしても埋めておかなければならない。間宮《まみや》海峡、チベット高原といった未踏の地が地理学者によって調査され、地図の白紙部分が埋められていく。そしてようやく20世紀の頭になって、極地を除いた地球の詳細がすべて認識されるようになった。世界の地理がまがりなりにも地図のかたちで完成してみると、次なる課題が見えてきた。そこに住んでいるのは一体どういう人間なのだ。部族、宗教、親族関係、生活形態、住生活等々。地理はわかっても、人がわからない。それが次に進むべき調査領域だった。再び「未開」が問われるのである。

「未開地」を対象に生活や文化のあり方をめぐって体系的に研究を始めたのは、文化人類学者たちであった。その前身は、宗教学や民族学と呼ばれる領域で、人々の集合的な文化に着目して、その風物を記録し、その内的な構造を解き明かすことを目的とした。本来、ヨーロッパ各国がアフリカやアジアの植民地を経営するにあたって、それに必要な現地社会の情報を住民の生活実態ベースで収集することから始まったといわれ、そのために極東学院（フランス）や東洋学研究所（イギリス）といった研究機関が組織され、多くの研究者を育成する。そうした経緯は、ブーガンヴィルが学者たちのミッションをともなって世界一周することで太平洋地域についての多大な知見を獲得し、またナポレオンがエジプト学者を連れてエジプト遠征を行った結果、エジプト学が発展したことに通じる。日本でも、大谷探検隊が中央アジア研究に先鞭をつけ、また満州の新京に大同学院の類が設立されたことが思い出される。彼らは、現地においてフィールドワークをベースにして地域研究を行い、現地人の社会構造や習俗、世界観などをトータルに分析していく。こうした作業の積み重ねで、今日では文化人類学という学問領域が確立し、その発言力はきわめて大きい。フランスを振り返ると、一群の文化人類学者の中でもレヴィ＝ストロースの果たした役割は圧倒的である。2006年にパリのエッフェル塔に程近いセーヌ河岸にオープンしたケ・ブランリー博物館は、まさにレヴィ＝ストロースの思想の体現であり、アフリカや南米等から集められた展示物（博物館では「民族誌資料」と呼ぶ）を体系的に展示している。

レヴィ＝ストロースがブラジルをフィールドとしていたのに対し、アフリカを対象とした人類学者というと、ドゴンの研究で名高いマルセル・グリオール（1898〜1956）の名を挙げなければならない[9]。彼はサン＝テグジュペリと同年代で、パイロットであり、アフリカに強い関心を抱いていたという点でもなぜか共通している。第1次大戦下の航空部隊に応召し、第2次大戦に際しても志願して再び操縦桿を握っている。彼の履歴を見ると、パイロットであったのが先で、その後、大学に入り直して言語学や宗教学を修め、遂にはその方面での第一人者となってパリ・ソルボンヌ大学の教授に就任したということがわかり、要は、空を飛ぶことが何よりも好きであった人間が、その後文化人類学（当時はエトノロジー＝民族学と呼んでいた）に手をつけたといっ

ドゴンの岩絵、創造神アンマと被造物ノンモ（精霊）にまつわる
開闢譚が描かれる　©Eliot Elisofon

てよい。人類学者としての彼が注目されるのは、西アフリカ、特にマリをフィールドとして丹念な調査を繰り返したことによる。ドゴンの生活と宗教儀式についてフィールドワークを行い、その結果が、宇宙と人類を生み出した「宇宙卵」とでもいうべき創生譚を明らかにし、宇宙開闢《かいびゃく》の神話を展開するに到った。この宇宙卵は学会で是々非々の議論を呼び、彼の死後はその説を否定する意見の方が大きかったが、近年になって再びグリオールの説が注目されるようになってきている。

大地の魔術師

グリオールがドゴン研究にのめり込んだきっかけは、1930年代初めに当時としては大々的な規模で行われたダカール・ジブチ大陸横断調査を組織したことに遡る。アフリカの西端セネガルのダカールから東に向かってアフリカ大陸を横断し、紅海に面した仏領ジブチまでの都合8000kmを、2年間にわたって現地調査をしていくという壮大な計画であった。核となったのはグリオールを団長に民族学者、言語学者、植物学者などからなる10人ほどで、その下にアシスタントや現地雇用者を含めて数十人の団員が加わっている。足を運んだ各地でフィールド調査を行い、膨大な民族誌資料を収集し、聞き取りや採集・実測などを行うもので、前世紀のような未踏の地の探検ではなく、今日とさほど変わらない組織された文化人類学的調査であった。訪れた土地がエチオピア、ベルギー領コンゴ、英領スーダン、伊領エリトリアを除くと、すべてフランスの植民地であったことからしても、植民地支配の基盤づくりの側面があったのは間違いない。実際にポール・ニザンが「帝国主義者の性格から免れない」と言ったように、同時代の批評家たちから揶揄されているが、その成果の大きさから見ると単なる植民地経営の域をはるかに越えていたのは事実である。

調査団の中には民族学者でありながら後に詩人として名をなすミシェル・レリス（１９０１〜９０）や画家のガストン＝ルイ・ルー（１９０４〜８８）が加わっていた。一見、不思議な組み合わせに見えるが、レリスとルーは当時のパリを席巻していたシュルレアリスム運動の推進者であり、いわば新時代の旗手としてグリオールと親交を結んでいた。その彼らのアフリカ体験が帰国後、ジョルジュ・バタイユに代表されるポスト・シュルレアリスムの思想運動に弾みを与えたという事実は、アフリカという「未開」の土地の激しいパワーが20世紀人の精神形成に大なり小なり移植されたことを示している。考えてもみれば、グリオールが提示して論争を呼んだ「宇宙卵」の構想自体が、当時のヨーロッパ人の学術的な想像力をはるかに凌駕していた。ダカール・ジブチ大陸横断調査が当時のヨーロッパの思想界、美術界に与えた影響の大きさに改めて驚かされる。

後になってグリオールのドゴン神話研究が評判になったので、この横断調査にあたって一行がもっとも重点的に滞在したのはドゴンを擁するマリであったと思われがちであるが、実際は彼らのドゴン（サンガ地方）滞在は2か月に過ぎず、逆にエチオピアのゴンダールに半年もの時間を割いて滞在している。グリオール自身はこの調査で着想を得た後、回を改めてドゴンを訪れて調査を繰り返し、同僚のジェルメーヌ・ディテルラン（1903〜99）と共同で第2次大戦後になって一連の研究報告を出すことになる。これがドゴンをして世界に知らしめることになった[10]。横断調査に出た頃のグリオールの専攻はエチオピア学で、現地のアムハラ語や古典語のゲーズ語をパリ極東学院で学び、出発にあたって最大の目標はエチオピアにおいていたのである。時のエチオピア皇帝であったハイレ・セラシエ2世はフランス語教育を受けた人間で、フランスからの調査団には多大の便宜を与えることを約束していた。

ゴンダールは近世エチオピアの都で、その地にある宮殿や教会、修道院はアフリカでは珍しく様式性に富み、石造の凝った建築技術をともなったもので、文化調査にはうってつけの場所であった。ゴンダールに居を構えた一行がさまざまな調査を行う中で、聞き取り役のレリスの関心が向かったのは、先に滞在したドゴンと同じく、人々の超自然的なパワーであって、伝統的なエチオピア正教のイコン画や建築ではなかった。司祭たちではなく、市井の祈禱師を探し出し、その憑依《ひょうい》体験についてもっとも時間をかけて観察している。その内容については帰国後に『幻のアフリカ』（1934）として刊行されていて、特にゴンダールの記録がかなりの部分を占めている[11]。その観

ドゴンの集落（上）と仮面（下）

察の仕方がシュルレアリストを自認していたレリスらしい。観察という方法の客観性を覆し、みずからの内面に沈降して、そこから派生するもろもろの神秘体験や性的夢想を、精霊が憑依した祈禱師の行為と交錯させながら記述していくのである。いわゆる学術報告とは文体も表記法も違え、文学作品といってもよい。その序文にはルソーの『告白』2巻の冒頭に記された「孤独な私、私の心を感じる」を引用して、赤裸々な内面告白があってこそ強烈な憑依の瞬間を同時に体験することができるとする。さながらみずからが悪魔祓いの対象となったかのような書き方である。

詩人であったレリスに対して、グリオールは文化人類学者としての観察眼をもち続けた。ドゴンの民族誌に強く惹かれた彼は、横断調査から戻った後、繰り返しドゴンに対象を絞った調査団を組み、盲目の老人からの聞き取りによってドゴンの宇宙開闢神話を再現しえたのは1946年になってのことである。胚が成長するように大きくなる宇宙卵、地上に撒かれた人間たち、地母神をめぐって起きる近親相姦や殺戮《さつりく》、怨霊《おんりょう》を鎮めるための仮面儀礼といった場面を次々に展開していく。ドゴンの家々に描かれたウォール・ペインティング、色彩豊かな仮面の数々に神話学的解釈を加え、部族の出自や禁忌をそれにあてはめていく。仮面のもつ呪術的な力、岩面や建造物に生命を与える蛇や羊の表象などとあいまって、土地の下から魔術的な力が浮かび上がり、それが集落や家屋にえもいわれぬ存在感を与えていく。批評界からの受けはよかったものの実際にはほとんど売れなかったレリスの『幻のアフリカ』に対して、グリオールの著『水の神』（1948）

は圧倒的な評判を呼び、その神話的想像力をもってアフリカの存在を強烈にアピールした。

１９２０年代から３０年代にかけて沸き起こったキュビスム、シュルレアリスムといった前衛的な芸術運動は、アフリカという激しく強烈な世界の発見を介して、理路整然としたヨーロッパの伝統的な知性とわたり合い、むしろ魔術や憑依といった超自然的な体験に新たな価値を与えていった。18世紀に見られた「始原の小屋」の議論が、歴史軸に対し地理軸を設定することによって未開に対置しうる新たな概念モデルを提示したとすれば、20世紀のそれは、未開という表象がそのまま超自然、超現実と読み替えることができるトポスとなって近代の精神の構造すらも転換してしまう。言い換えれば、彼らアフリカ人たちの日常性の中に宿る魔術的思考が、快適さと安寧さを標榜する近代人の生活を軽々と打ち破ってしまうのである。アーティストは直感的にそのことを見抜き、文化人類学者はフィールド調査を通してそれを発見する。仮面、タトゥー、ウォール・ペインティングなど、通常ではグラフィックとして処理されてしまう表象の数々が、供儀《くぎ》や呪詛《じゅそ》の対象となり、超自然的な生命を宿してしまうところがおぞましいのである。「高貴なる未開人」のモデルは、こうして「大地の魔術師」へと変換されていくのである。

スラムか遊牧か

不法占拠という欲望

都市の中に発生した不良住宅地区を一般に「スラム」と呼ぶ。その語源は「吹きさらしの寒々とした場所」を意味するアイルランド語にあり、19世紀半ばからアイルランド人労働者が多数を占めるイギリスの貧民街を指して頻繁に用いられるようになったのが始まりである。あばら屋、掘立小屋とでもいうべき建物が密集し、下水は当然として、上水もなく、ともかく衛生状態が悪い。不法占拠があたり前で、土地所有についての観念は希薄である。空いているところに住み出すから、土地の占有は早いもの勝ち、割り込みの際は強者の論理がまかり通る。都市なるものが人類のつくり出したひとつの文明の形態であるとするなら、スラムは都市という文明の中の未開部分といってもよい。貧困の象徴でもあって、「高貴なる未開人」に見られたような安定した社会の構造はもたない。国連ハビタットの統計によれば、世界人口の7人にひとりは不良住宅に住み、適正な居住環境を保証されていない。人類の貧困を象徴する数字である。

スラムを理解するには現地に足を運ぶに限る。有名なマニラのスモーキー・マウンテン、ムンバイのダラヴィ地区、さもなければナイロビのキベラ地区でもよい。陋屋《ろうおく》が密集し、そこに数十万人規模の人間が住み込む様は圧巻である。その強烈な印象の割に、住んでいる人間はあっけらかんとして、世にいわれるような悪の巣窟といった印象はない。が、居住条件はいただけない。ボロ家が１軒だけであればスラムとはいわない。それが建て込んであるからスラム＝不良住宅地区と呼ばれるのである。その広がりを見て気になるのは、どこまでがスラムで、どこからがスラムでないか、といった点だ。ナイロビのように見渡す限りのスラムといっても、ゲットーのように壁や塀ではっきりと仕切られているわけではない。開発途上国の金持ちは「ゲーテッド・コミュニティ」といって、自衛のために壁で囲まれたエリアに住むことが多いが、貧乏人はその必要がないせいか、好き勝手に増殖していく。

「南」と総称される開発途上国では、スラムはごく日常的な光景である。しかし、厳密にいって、何をもってスラムと判定するかは微妙である。ハビタットではスラムの定義を「生活環境の劣悪な低所得者の居住地域」としていて、何をもって劣悪というか、低所得とはどのくらいか、といった点はそれぞれの国の裁量に任せている。従って、この一般的な基準ではどう見ても客観的な指標にはなりえない。統計上スラムとされているエリアに足を運んでも、その判定に対して「ちょっと違うぞ」と感じることがしばしばである。たとえばエチオピアがそうだ。国民ひとりあたり

GDPが300ドル余りという世界最貧国にランクされるこの国は、出生率が高いこともあって人口増加が著しい。都市への流入人口もきわめて大きく、確かに新しい住宅地はインフラも追いつかず、建築も粗雑である。それでも、多くの場合、そこに住む人の所得水準、あるいは暮らし向きは、貧困にあえぐというよりは、中流（もちろんエチオピアの水準で）といってよい。ハビタットの統計の中身をよく眺めてみると、建造物が脆弱であったり、インフラ整備の水準が低いということで一律にスラムと記載して済ましているところがあり、伝統的な農家や都市住宅もなぜかそのようにランクされている。一説には居住水準のレベルを落として報告し、より多くの援助を引き出すための策だとのうがった見方もあるが、そんな水増しが必要なほど、現地機関は疲弊しきっている。

スラムは進化する

それでもスラムは確かに、そして世界各地に存在する。実際に調査をしてみると、スラムと呼ばれる地区も一定のメカニズムを備えて発展していくことがわかり、その段階によって占拠の度合いが異なっている。たとえば私自身が調査に関わったジブチ郊外のスラムを例にとってみると、その点を説明することができる。ジブチは先に取り上げた文化人類学者のグリオールが1930年

アジア最大級のスラムとされるムンバイのダラヴィ地区

代初めのアフリカ横断調査にあたって最終目的地とした場所で、フランス語圏アフリカの最東部にあたり、かつては仏領ソマリアと呼ばれていた。遊牧系のソマリア人とアファール人からなる人口約100万人のこの国は、19世紀の終わりにフランスがイギリスのアデンに対抗して紅海の入り口を押さえる港を建設し、フランス最大の海外基地をつくらなかったら、今も相変わらず遊牧民のみからなる非都市型国家であったかもしれない。しかし、フランス人が築いたコロニアルな都市が周囲の遊牧民を集め、彼らの定住化という現象を発生させている。この町の周囲に生成するスラムを調べてみると、やや意外であったが、スラムの形成に一定の法則があることがわかった。おおよそ次のようなプロセスである。

都市に惹かれて砂漠地帯から集まってくる新参者は、いわば着の身着のままで町の周縁部に現れ、適当な場所に遊牧テントの類を張って住み始める。土地の使用許可を得て住むわけではないので、土地管理者から見れば当然不法占拠であるが、そもそも遊牧民には土地は自由に使ってよいという不文律があって、「不法」という意識はない。彼らのテントは自前のもので、遊牧民だからこそ常にその備えがある。しかし、その次の段階となると、この場所での居住に対する意志が強くなるのか、テントではなく掘立小屋を建て始める。その際、小屋の材料はそのあたりから拾ってくるか、さもなければ資材置き場から無断で持ち去る、つまり盗んでくる。他の壊れかけた住居から勝手に持ってくることも多い。これも当然不法行為である。こうしてともかく住まいができると、時間をかけてそれを増改築していく。2階を継ぎ足すもの、奥に別の部屋をつくるもの、周囲に囲いをつくるものなど、パターンはさまざまであるが、継ぎ接ぎだらけのいかにもなボロ家である。この段階を過ぎると、より立派な家への建て替えがある種のステータス・シンボルとなる。このくらいまでするとと不法占拠者にも既得権が発生し、公権力もその実質的な所有権を認めるようになり、地区全体が自治体による「整備計画」の対象となる。つまり、スラムは固定的ではなく、それなりに進化し、質は決して高くはないが、市街地化していくということである[12]。

以上のパターンを図式化していうとこうだ。遊牧民には土地所有の観念がない。しかし、都市という現実を前にして、定住を始めれば、ある場所を定めて家をつくらなければならない。所有権の曖昧な土地に来て不法占拠を行うというのがとるべきアクションで、実際そのようにして住居をつくる。その際、もうひとつの重要なファクター、つまり「略奪」的な材料調達が行われる。不法性という制度的バリアに対して、それをまったく意に介さない強い欲望が顕在化している。その集合がスラムなのである。そこで考えなければならないのが、当初不法占拠という「未開」状態から始まった住居がいつの段階で「文明化」されるかという問いである。

ジブチのように夏の暑さが45℃程度になるところでは、家の役割は一義的には日差しを遮り、時として降る雨から住民を守るところにある。次いで、自身のテリトリーを画し、所有を明らかにすることが求められる。だから塀の類が重要視され、逆説的ではあるが、塀で囲んだ範囲こそがその先居住者の「利用権」、あわよくば「所有権」の対象地と見なされるようになっていく。まるで人類の歴史を見るようだが、そのように居住から土地所有への進化が発生するのである。仮に文明なるものが、法制度を駆使して人間の諸権利を認め、物理的・空間的にも高度の技術や様式を介在させるものであるとするなら、スラムであった場所で住民の権利が発生し、住宅がそれなりの見栄えがするようになった段階で、この地区は「文明化」されたといってよい。別のいい方をすると、スラムが郊外住宅地に変容した、ということである。現代美術風にいえば、スラムは「インスタレーション」であり、人間居住のあるプロセスを固定化して視覚的に見せたものである。

スラムを異質な集団として排除の対象とするか、あるいは同胞として都市に取り込むべきかは、国や地域によって施策が異なっている。多くの場合、不良住宅地であっても組織犯罪の温床になるわけではなく、外から入ってくる人間たちを温かく迎えるコミュニティが存在し、その意味では「スラムは人を自由にする」のである。中世都市史風のいい方をすると、「アジール」としての魅力と機能があるということだ。しかし貧しいことには変わりなく、住んでいる人間にその状態をもってよしとする者はほとんどいない。未開なるものは常に文明化されなければならないという、近代人の性《さが》から抜け出すことは容易ではない。

遊牧民と都市民の葛藤

ジブチの場合に特徴的なのは、遊牧民の定住化がスラムを生み出したということである。当然ながら、土地柄、あるいは経済的背景によってスラムの成立過程は大きく異なるもので、人口が数十万人規模のジブチでは巨大都市の周縁にスラムを生成させているマニラやムンバイとは事情が違う。遊牧民が流れ込んでくるということが曲者なのである。

一般に遊牧民は都市生活になじみにくく、都市の中で限られた資源を計画的に使い回していくという発想に乏しいとされる。牧草地から牧草地を動き、その間に季節が変わって牧草が生え変わるという自然まかせの生活サイクルに生きているのとはわけが違う。不要なものは捨てるにしてもゴミ処理とか廃棄物処理という発想は希薄である。本来、使えるものはすべて使うというのが遊牧民の生活の原則であり、それゆえに都会の人間ほどには廃棄物の量は多くない。ゴミになるのは使い回した末の最後の最後の部分である。ゴミが有機物である限りは、放っておけばそのまま自然に還るということで、投げ捨て御免が普通だった。ところがいつの頃からか、プラスティック製品が世界中を席巻するようになり、遊牧民の暮らしの中にもペットボトルの類が溢れるようになってしまった。これでは草原や砂漠で風化して土に還ることもなくなり、ゴミ処理という発想をもたない遊牧民の土地にゴミが溢れるようになってきた。遊牧民あがりの住民が大半を占めるジブチの町は、窓から勝手気ままに投げ捨てられるゴミが風に乗って町中に散乱し、定住の都市文化を擁しゴミ処理をまめに行う隣のエチオピアとはまったく異なった風情を醸し出している。それも埃っぽい空気の中に乾いた臭気を漂わせて。

それゆえ、都市民の側から見ると、遊牧民の定住化は都市生活のルールを知らない無作法なよそ者の闖入《ちんにゅう》と映る。本来、都市民と遊牧民は社会的・経済的にはそれぞれ交易地での取引と消費、通商ルートの安全確保ということで補完関係にあり、草原や砂漠を知り尽くした遊牧民が物資の移動に力を貸すという構図ができていたが、住まい方の違いゆえに両者の間で微妙な線引きがなされていた。政治史的に眺めれば、実力主義を是とし戦闘力を有した遊牧系の集団が点状に広がる都市（交易地）を含めて広い地域を支配するというのが歴史上の常であり、たとえ都市が滅んでも遊牧民は強靱なネットワークをもって生き延びてきた。北アフリカでいえばベドウィン系の家系が政治支配者層（カリフ）をかたちづくってきた事実がそのことを物語る。機動力を有した遊牧系の部族は今日でも有事となれば即座に戦闘集団に姿を変えることができ、スーダンのダルフール紛争で冷酷な殺戮《さつりく》部隊として世の注目を浴びたベドウィン系の民兵組織ジャンジャウィードなどがその典型である。

このように遊牧民の存在は政治的には大きく目立つものであるが、グローバリゼーションが進む現代世界の中で、その立場は微妙なものになってきた。快適な住まいに家電製品を置き、携帯

ジブチのバルバラ地区

電話で繋がる利便性の高い都市生活のイメージが定着し、「過酷な自然とともに生きる」とされる遊牧生活はどう見てもアウトサイダー以外の何者でもなくなってきたからだ。ということで、実際に遊牧生活を送っている人間が地球上にどのくらいいるのかを調べてみると、意外に少ない。遊牧民の統計は、遊牧・半遊牧・定住化途上、といった段階をどのように判断するかによって数字が大きく左右される。つまり、実態把握が難しいということで、世界全体を俯瞰するかたちでの遊牧民の数は正確には取られていない。しかし、多少なりとも統計を出している中央アジア各国、イラン、北アフリカの国々の数字を照らし合わせてみると、2000年代の初めの時点での遊牧民総数は世界全体で5000万人から6000万人程度ではないかと推測される。世界人口の1%にも満たない数であるので、遊牧文化の広がりが大きい割に人間自体は極端に少ないように思える。

そこで、ここ半世紀ほどの遊牧民の数の変化を追ってみると、驚くことに3分の1程度にまで減少していることがわかった。その理由はさまざまだが、ソ連のように中央アジアの遊牧系諸集団の定住化を促進したところもあれば、サハラ以南のアフリカのように気候変動にともなう遊牧民の居留地における旱魃《かんばつ》や飢饉が重なり、遊牧を捨て、就業機会のある都市に移り住むことが一般的となったところもある。遊牧生活は自然の脅威とわたり合うために強靱な生活力が必要とされ、都会の生活を2世代以上にわたって送ったら、もう遊牧の生活に戻ることは難しい。都市というシステムに守られて生きているのとは違って、気候、食糧、さまざまな天災などと常に対峙しなければならないからである。

遊牧住居の智慧に学ぶ

このように急激な減少の傾向にあるとはいえ、遊牧民の智慧《ちえ》は今の時代にとって大いに参考になる。なぜなら、先にも述べたように最小限の物資で最大限の効率をはかるシステムが彼らの生活に生きているからである。エコロジー、リサイクルといった掛け声が勇ましい今の世の中にとって、本来的な意味でそうした生活を実践しているのは遊牧民に他ならないからである。さらに、本書の主題である住まいの問題に引きつけてみると、都市文明が育てた「建築は恒久的である」という基本概念を覆し、建築は一時的なものであり、移動する、という点が何よりも興味深い。建築史や芸術史の領域において、この種の遊牧住居が論究されることはきわめて稀である。ましてや文化財として認知され、登録あるいは指定されることもない。ヨーロッパ的な価値観を下敷きとする文化財（ヨーロッパでは「歴史的建造物」という）の範疇では、土地にしっかりと根づいた不動の恒久的建築でなければならないのであって、場所の移動にともなって組み立てては解体する住居などは、よくて軍の仮設建造物程度の扱いであった。工事現場につくられるプレファブの現場事務所、あるいはプレファブ物置きと同じだといえばわかるだろうか。しかし、遊牧民と長くつき合ってみると、そのような「定住民」的発想では遊牧住居の価値など到底はかりえないことに改めて気づかされる。

そういうわけで、移動式の遊牧住居を調べてみた。稀ではあるが、国によっては建築史の教科書に載せている例もある。たとえば、中国では少数民族文化を重視するという政策があるためか、頁は限られているが、モンゴルの「ゲル」の解説がなされている。といっても、正確には中国領の内蒙古地区のみが対象になっていて、その呼称も漢字で「包《パオ》」とされる。漢字文化圏の日本人にはその方がイメージしやすいかもしれない。一方、遊牧民の系譜を自認するトルコでは、同じものを「ユルタ」と呼び、国境にはこだわらずに中央アジアを含んだ「大トルコ圏」の中での遊牧住居の意義を説く。加えて、チュルク・モンゴル系に固有の「オルダ」（宮帳）すなわち支配層のためのテント式宮殿にも頁を割いて、その豪勢な暮らし向きを図解入りで示している。モンゴル帝国のひとつをかたちづくったキプチャク汗国の名は、金色のテント式宮殿＝キプチャク（金帳）から派生したものであり、まさにこのオルダが世界史的な意義を有したということに他ならない。極端なのはリビアで、40年以上にわたって権力の座にあったカダフィ大佐がベドウィンの出自をことさら強調してきたためか、ベドウィンのテントを教科書に掲載しているが、それもニューヨーク郊外のチューダー朝風大邸宅の横に大佐のテントが並んだ写真を使い、ふたつの文明を対比させる政治的プロパガンダとなっているところが面白い。

遊牧性をめぐる政治的議論は別にして、技術論的に見れば、あまたあるテント式住居の中でもっとも進んでいるのは間違いなくモンゴルのゲルであろう。その特徴は、標準化が徹底しており、規格化された最小限の部材で短時間に組み立てができるようになっていることだ。基本形は直径4〜6m程の円形住居で円錐形の屋根が載る。面積だけでいえば、我が国の9坪程度の小住宅だと思えばよい。出入りは扉が1か所で窓はない。その代わり、頂部には採光と換気のために開口が設けられている。その組み立て方も単純明快である。まず初めに床材を組み合わせて円形の床をつくる。次いでその周りに菱格子となった壁材を回して壁の骨組みをつくる。折り畳まれた格子をちょうど蛇腹を開くようなかたちで横に引っ張り、円周上を回すと壁ができあがるので、きわめて簡単である。屋根の頂部にあたるリング材（トーノ）を2本の柱で持ち上げ、垂木《たるき》に相当するロッド（オニ）をこのリングと壁の上部とを結んで円周全体に行きわたるようにわたすと、円錐形の自立した屋根の構造が完成する。こうしてできた全体の骨組みの上を羊の毛でできたフェルト（トーラク＝側面、およびデーブル＝屋根面）と防水用の布で二重に覆えば、これでゲルのできあがりである。ほぼ1時間の工程である。部材間の接合は、ロッドをリングに突き刺す以外は縄で結んでできるようになっており、きわめて単純である。これらを解体し折り畳むと荷馬車ひとつに十分収まる程度になるので、移動の際も手軽である。

モンゴルのゲルは、大小はあっても基本的にどれも同じシステムでできており、互換性がきくので、部材が破損したり失われたりしても取り換えが簡単である。折り畳みが可能なのでスタッカビリティも保証されている、すなわち大量輸送するときに全体が隙間なくコンパクトに収まる、ということで、無駄な空気を輸送するということにはならない。現代の商品開発の視点から見ると、使い勝手に優れ、顧客の意にかなうきわめて合理的なプロダクトであると考えてよい。むろんコスト的にも大変安価で（ウランバートルでは外国人用に20万円程度で売られている）、その点でも理にかなっている。20世紀後半にプレファブ住宅ができるはるか以前にこのシステムができていたということであり、仮にチンギス・ハン以降のモンゴル人のすべての世帯がこの住居を所有していたとすると、大雑把な数字ではあるが、700年ほどの間に1億棟あまりの規格化遊牧住居が用に供されたことになる。世界のプレファブ住宅の総数と釣り合う程度の数字である。資本主義の論理に照らして見ると、圧倒的な世界商品を世に出したということだ。

手づくりの遊牧住居

もちろん、世界の遊牧民全体を眺めるとモンゴル人のように洗練されたシステムをもつ民族は限られている。多くはよりプリミティブな方法で遊牧住居をつくっている。そこで、もうひとつの例として、先に定住化がスラムを発生させるとして取り上げたジブチの住居について触れてみ

モンゴルのゲル

たい。

ジブチの遊牧民は大きくアファール族とソマリア系イッサ族に分かれる。同根ではあるが、生活習慣が異なり、前者が武を貴ぶとすれば、後者は商取引に長けているとされる。遊牧住居のつくり方も少々異なっているが、基本は同じである。モンゴルとは異なり、砂漠地帯で入手できる材料、つまりは灌木《かんぼく》をさまざまに用いて組み立てる。骨組みとなるのは、灌木を適度なサイズに断ち切ったもの。それを湾曲させて地面に突き刺し、肋骨状に並べて、全体の基本構造をつくる。モンゴルとは違って、屋根と壁は一体になるので、ある意味ではシェル状の構造だ。この上に外被をかぶせればそれでよい。夏の最高気温が摂氏45℃にも上がり、最低気温といっても20℃台だから、モンゴルのようにマイナス30℃に備える必要はまったくない。特徴的なのは外被となるマットで、灌木の表皮を女性が時間をかけて嚙みしめ、繊維状にしたものを織り込んでつくる。我が国の茣蓙《ござ》のようなかたちになり、カラフルな仕立てとなる点がこの地域らしい。側面を回した後、上部を四角い大型マットで覆い、四隅を紐で下に引っ張って風圧に耐えるようにする。アファール系のものは丸く、イッサ系のものは細長い[13]。このあたりは砂漠とはいっても、火山性の土漠であり、火山岩が無数に転がった土地なので、その都度石を拾い集めてテントの支えとなす。料理用の竈《かまど》も、これらの石を組み合わせてつくる。当然ながら、この住居も解体と組み立てを繰り返し、ラクダに載せて運ぶことができるよう最小限のユニット、すなわち骨組み、マット、そして接合

ジブチ、アファール族の遊牧住居

や引っ張りのための紐からなっており、モンゴルのゲルよりも部材数が少ない。しかし、これでは標準化住宅とはいえず、灌木を用いたアドホックなテント小屋とでもいうべきだろうか。暑い気候ゆえに、テントは日除けの意味が大きく、時として降る雨に対しても覆い屋の役割を果たす。しかし、生活はテント外の空間を大きく用い、調理や食事、その他の家事は大半が戸外でなされ、夜間の睡眠に際してこのテントが用いられる。まさにシェルターである。

粗末であるとはいっても、アファール人もイッサ人も生まれながらにこの遊牧住居のつくり方、暮らし方を心得ており、逆にいえば家を構えるにあたってその習慣から抜け出すのは容易ではない。都市での仕事を求めてジブチ市の周りに集まってきた遊牧民たちは、先に述べたように適当な土地にこの遊牧住居を構えるが、本来の遊牧生活と違うのは、これらのテント式住宅が密集し、その場所に固定化されるという点である。

第２部　生存のための限界デザイン

戦争罹災者を受け入れた木造団地　カピュラ集合住宅

いつの世になっても戦争が絶えないことは人類最大の不幸といってもよい。戦争の原因は、領土問題、イデオロギー、宗教や民族、侵略と抵抗など、地域や時代によってさまざまであるが、それにともなう憎悪の感情が世代を超えて引き継がれ、それがさらなる紛争を引き起こしていくことは、中東やアフリカの現実を見ていれば、すぐにでも理解できる。暴力は必ず存在し、戦争は不可避であるとするリアリズムの立場に立てば、そこで引き起こされる悲惨さを最小限に抑えるというのが可能な選択肢のひとつである。危機管理の視点からいっても、戦争に対する備えは必要であるが、後始末はもっと大切であることを知らなければならない。

難民問題に着目すると

実際、戦争が引き起こす最大の不幸は、衝突と破壊のプロセスの後に発生する大量の難民である。住居を壊され、生活の手段を奪われた人々は安全を求めて他の土地に移動する。戦争の結果として国家の組み替えが起こった場合は最悪で、難民の数は100万人単位となり、かつてのトルコ・ギリシアやインド・パキスタン、あるいは昨今のユーゴスラビアなど、とんでもない数の人々がそれまで住んでいた場所を追われて移動を始め、その途中で多くの命が奪われていく。近隣や町内といった普段はごくあたり前の人々の生活単位が、突然降って湧いた人為的な力によって暴力的に解体され、人々は相互に憎しみ合い、殺戮《さつりく》を始める。その結果、多くの人々は家を追われ、村や町を捨てるはめになる。住宅が人々の安寧を保証する装置であると気づかされるのはまさにこのようなときである。普段さりげなく暮らしている住まいが、家族や一族が相互に支えあう団欒と憩いの場であり、生活の営みを維持するための物理的にして精神的な覆い屋＝シェルターとなっているわけだ。

難民という悲惨な現実に対して解決をはかるのは政治の役割である。しかし、政治家と呼ばれる人間たちは、往々にしてプロパガンダに走り、いたずらに憎悪を煽り立てる。実際に右往左往する人たちは、人質、さもなければ盾になったようなもので、貧乏くじを引いた人がその場で命を失い忘れ去られていくこともしばしばである。政治は信用できない、非情な現実に対して打つ手はないのか、困窮した人間を救うことがなぜできないのか。こんな言葉がつぶやかれる。現場に居合わせた人々の偽らざる心情である。そのような場合、少しでも力あるものが弱いものを助け励ます、という古今東西共通した行為が何よりも重要で、それを支える任を担っていたのは昔であれば僧侶や修道士など宗教的信念にもとづく人たちが主であったが、20世紀の後半に到って地域や国籍を超えたボランティアの存在が大きくなっている。社会の成熟を物語るかのように、バックアップの体制は格段に進歩した。危機を回避し、それができなければ危機の影響を最小限にするということで、ネットワークやロジスティックスが大きな役割を果たす。食糧の確保、住まいの提供、負傷者や病人の治療といった生存のための基本的な課題が先行し、次いで通信、そして厚生、教育と段階的に活動を拡大していく。当然ながらプロフェッショナルな活動は重要で、医療、建設、衛生などの専門家は真っ先に現場に入って作業にあたらなければならない。このあたりのオペレーション・マニュアルが完備されるようになったのはごく最近のことである。

本項では、今日のボランティア的な活動の源流となったいくつかの事例をあたり、戦争にともなう難民発生とその復興プロジェクトとしての難民住宅の計画について詳しく述べてみたい。その一例として、やや意外に思われるかもしれないが、第1次大戦直後の北欧フィンランドの難民住宅を取り上げてみる。現在では平和と安定の優等生のように語られるフィンランドであるが、20世紀初頭の段階では国家の基礎も定まらず、悲惨な内戦が起きている。しかし、その収拾過程で実施に移された住宅供給の仕組みは、今日までフィンランド人の智慧《ちえ》として語り継がれ、高い質を保った建築遺産としての地位を築くまでになったことを知ってもらいたい。難民住宅というカテゴリーが必ずしも「安かろう、悪かろう」的な場当たり的な建設行為でこなされるのではなく、住む人たちの人間性を尊重し、空間としてもデザインとしても遜色ないものをつくり上げた事例として、大きな意味をもつのである。

フィンランド内戦は10万人を超える難民を生み出した

フィンランドは自然に恵まれている。森と湖の国として言及される背景には、広大な国土に少ない人口が分散しているという事実がある。人口500万人は北海道とよい勝負であるが、国土の広さは我が国より若干小さい程度というから、逆に人口密度の希薄さが大きな問題となっているようだ。それでも、ノキアなどの有力企業を擁し、経済的にも政治的にもEUの優等生としてヨーロッパの動向を左右するまでに到っていて、世界からの注目度はきわめて高い。今日の国力の高まりから見ると意外に思えるが、この国が独立を果たしたのは今から遡ること100年にも満たない1917年である。つまり、それ以前はフィンランドという独立国は存在しなかったということである。そもそものきっかけはロシア革命にあった。19世紀の初めになってそれまでのスウェーデン支配からロシア領に組み込まれたフィンランドは、巨大なロシア帝国のもっとも西にあるという立地上の優位性を生かして直接西欧世界に繋がった独自の文化・経済圏を築き、政治的にもロシア皇帝のもとでフィンランド大公国を名乗って自治権を認められてきた。そこから大きく離陸するのは、首都サンクト＝ペテルブルク（対独戦にともなってペトログラードと改名）においてメンシェヴィキによる二月革命、そしてレーニン率いるボリシェヴィキによる十月革命という未曾有の動乱が勃発したことによる。

革命の結果、国の頂点に立つべき皇帝を失ったことは、逆にいえば、旧態依然としたロシアへの帰属を断ち切る絶好の機会でもあったということだ。当時の自治政府であったフィンランド領邦議会は1917年末も押し迫った12月になって独立を宣言する。しかし、十月革命の成功によってソヴィエト政権を樹立したボリシェヴィキがフィンランドの共産化を促して介入し、そのため、新生フィンランドは左右真っぷたつに分かれて1年以上にわたる激しい内戦を経験することになった。国内情勢が落ち着くのは、救国の英雄と評されたマンネルハイム将軍の指揮下で反ソヴィエト派（白衛軍）が勝利をおさめ、1919年7月になってストールベルグを大統領に戴く共和国が発足してからである。

このフィンランド内戦は、同じ民族がふたつに分かれて戦うというフィンランド史の中でももっとも悲劇的な展開を辿ることになる。その反省から、後の時代になって客観的な立場から内戦の実相について詳しい調査研究がなされている[14]。膨大な量におよぶ文書の読解や当時の人間からの聞き取りなどを通して歴史的経緯が明らかにされ、同時に戦災の程度や被災者についても詳細なデータが集められた。死亡者数は内戦の程度を示す目安となる。それによると、内戦による戦闘員の死亡者総数は3万6000人余りだが、その中で最大を占めているのは戦死者9000人ではなく、捕虜収容所での死亡者で、1万3000人に達している。負けた側のソヴィエト派（赤衛

内戦で破壊されたタンペレのタメラ地区（1918）
木造住宅が罹災して暖炉と煙突のみが残っている

軍）の捕虜が、食糧難による栄養失調、さらには折から襲ったスペイン風邪によって多数亡くなっていたことがわかる。さらに、全死亡者数の16％が20歳以下の若者（少年）であって、多くの少年が兵士として徴兵されていた事実も明らかとなった。内戦の死者数としては圧倒的な数におよんだロシア革命（900万人）は別格としても、数十万人規模のアメリカ南北戦争（62万人）やスペイン内戦（20万人）に較べると、確かにその数値は小さく、強いていうならば我が国の戊辰《ぼしん》戦争（1万3000人）と同じ桁である。それでも当時300万人と想定される人口の1％が命を落としたわけで、人口規模が小さいこの国にとってはまさに亡国の危機であった。

当初、赤衛軍はフィンランド湾に近い南部地域を押さえ、大都市部を支配していた。緒戦に敗れて北部に逃れた白衛軍は徐々に南部を奪回したが、その過程でタンペレやヴィープリなどの都市が戦場となり、市街戦によって多くの住宅が破壊された[15]。その結果、各地で大量の難民が発生し、その数は10万人を超えている。戦闘にともなう一時的な難民も含まれているが、そのまま家を失った者は少なくとも数万人のオーダーに達し、そのことが内戦後の戦災復興の大きな足枷《あしかせ》となった。1919年夏以降、これらの被災者や難民たちの居住地を保証することが新政府の大きな仕事となる。本項で取り上げるヘルシンキ北郊に計画されたカピュラ集合住宅もそのひとつで、内戦に加えてカレリア地方のソ連への割譲によって家を失った難民に公営住宅を提供することを目的として建設が進められたのである。

カピュラ地区

カピュラ地区は、今日、オリンピック・スタジアムを擁した緑豊かなエリアとして知られており、この地に居を構えることは市民たちのステータス・シンボルとなっているといってもよい。むろん今では新築など実質的に不可能で、既に建っているやや古めかしい木造住宅が人々の憧れの的になっているということである。事情を知らない外国人は、その住居がかつての難民住宅という話を聞いて結構驚くようだ。建築年代は今から約90年前、内戦終結にともなってこの地区の開発がなされたことによる。ヘルシンキの人口増加は比較的ゆっくりとしていて、戦争などなければ、この時期にここを急遽宅地化する必要などなかったといってもよい。自然増だけであれば、町並みはじわじわと拡大するだけで、公共投資による大がかりな住宅地整備事業はまだ10年や20年は先の話であった。

実際、まだロシア領時代であった19世紀末から現在に到るヘルシンキの人口増加を経年的に眺めてみると、世紀末の繁栄を謳歌した1900年前後に都市人口が急速に増え、その後、内戦後の20世紀前半はゆったりとした人口増加を続け、第2次大戦を経て1950年代に入った時点で一気に増加率を上げているのがわかる。つまり、独立から第2次大戦にかけての時期は停滞期であって、発展期は独立前の1900年前後の時代と1960年代以降の時代ということになる。奇しくも市の主要な公共建築が建てられたのも、このどちらかの時代に集中しており、都市発展と公共投資の相関が認められるのである。逆に、難民対策として進められたカピュラの建設は、むしろ苦難の時代の証しであって、望まれて実施に移された事業ではない。しかし、その成果から判断する限り、フィンランド人はそういう逆境のときこそみずからの隠れた力を発揮して、人間の居住の何たるかをきちんと示すことのできる人々であることがよく伝わってくる。

ヘルシンキが大きく拡張を始めるのは19世紀の終わりを迎える頃である。それまで港の周辺に固まっていた旧市街から外側に向かって周辺地区の都市化が進展していく。都市化が進むということは、地方の農村部から都市部に人々が流入してくるということであり、この世紀末に到って農民的気質をもつフィンランド人が都市文化に目覚めた時代ともいわれている。その当時、ヘルシンキ市としては将来の人口増加を見越して市の拡張計画を練る必要に迫られていた。ヘルシンキ市民にとって幸いだったのは、市当局が拙速を避け、長期的なヴィジョンにもとづいて市有地を拡大し、それも緑地の確保を優先して都市計画を進めたことであった。一連のそのような施策が今日世界に知られた「森林都市」の布石となったのである。

現在のヘルシンキは森林の割合が市の全体面積の3分の1におよんでおり、世界的にも緑被率のきわめて高い都市として知られる。半島状に突き出した市街を北側で取り囲むようにグリーン・

ベルトが設けられている。そこから5本のグリーン・フィンガーが市内に突き刺さるように延びており、そのかたちを手の平になぞらえて「フィンガー・モデル」として説明することが多い。そのちょうど親指と人差指の付け根のところに位置するのがカピュラ地区である。1893年になって市当局は、白樺と松とが群生する自然林に接したクンプラの土地を買収した。岩肌が露出して古い地層を見せ、森の間の土地を開墾して農地として用いられてきたエリアである。市としても購入当初は具体的な開発計画をもっていたわけではなく、将来に備えた保留地としての性格を有していたといった方がよいだろう。

カピュラ地区の具体的な開発計画が起こるのは土地購入から20年以上を経た1916年のことである。第1次大戦が勃発して2年が経ち、工業化の進んでいたフィンランドがロシア国内の戦時増産体制に組み込まれたことで、工場労働者の確保が大きな課題となっていた。その集合住宅地として選ばれたのである。当時、労働者住宅の建設は市が出資する組合によるものが大半で、ここでもその方式が採られることになった。ところがロシア革命にともなうフィンランドの独立とそれに引き続く内戦ということで、あらゆる建設活動はペンディングとなり、この計画もストップしてしまう。内戦が収まった1919年夏以降になってようやく計画が再開された。

当然ながら、内戦前と後では、自治体を取り巻く環境も社会的な背景も大きく異なっていた。左派勢力の中心を構成していた親ボリシェヴィキ・グループは多くがソ連に亡命し、市議会のメンバーも顔ぶれを変えていた。ヘルシンキは戦場にはならなかったものの、タンペレやヴィープリ等から多くの難民が流入しており、1戸の住宅を数家族で分け合い、日々の糧にも事欠く有様で、周囲の林を伐採して燃料にするという悲惨な暮らしを余儀なくされていた。それに加えて、東部カレリア地方からの難民もヘルシンキに流れ込んできた。そこで計画されたのが、本来労働者住宅地として計画されていたカピュラを難民のための住宅地となすことであった。難民としてヘルシンキに流入した住民が新たな労働者層をかたちづくるという点においては従来の労働者住宅の内容とそう変わらないが、難民対策という点での緊急度が異なっていた。計画戸数は全体で1000戸余り、それを3つの組合に分けて建設と経営を任せることになった。

丸太組の難民住宅

難民用の住宅というのは通常の公営住宅供給事業と異なって、緊急性を要し、短期間に大量の住宅を建設しなければならない。しかも特別会計を組んで費用を無理やり捻出することが普通で、いきおいローコスト住宅でなければならない。建築を安く大量につくることだけを考えるのであれば、ことはまだ簡単であるが、住宅はそこに住む人間がおり、人がゆったりと安全に暮らせて初めて価値が出る。通常の住宅ならば、ある程度の時間がかかっても人々は待つことができるが、

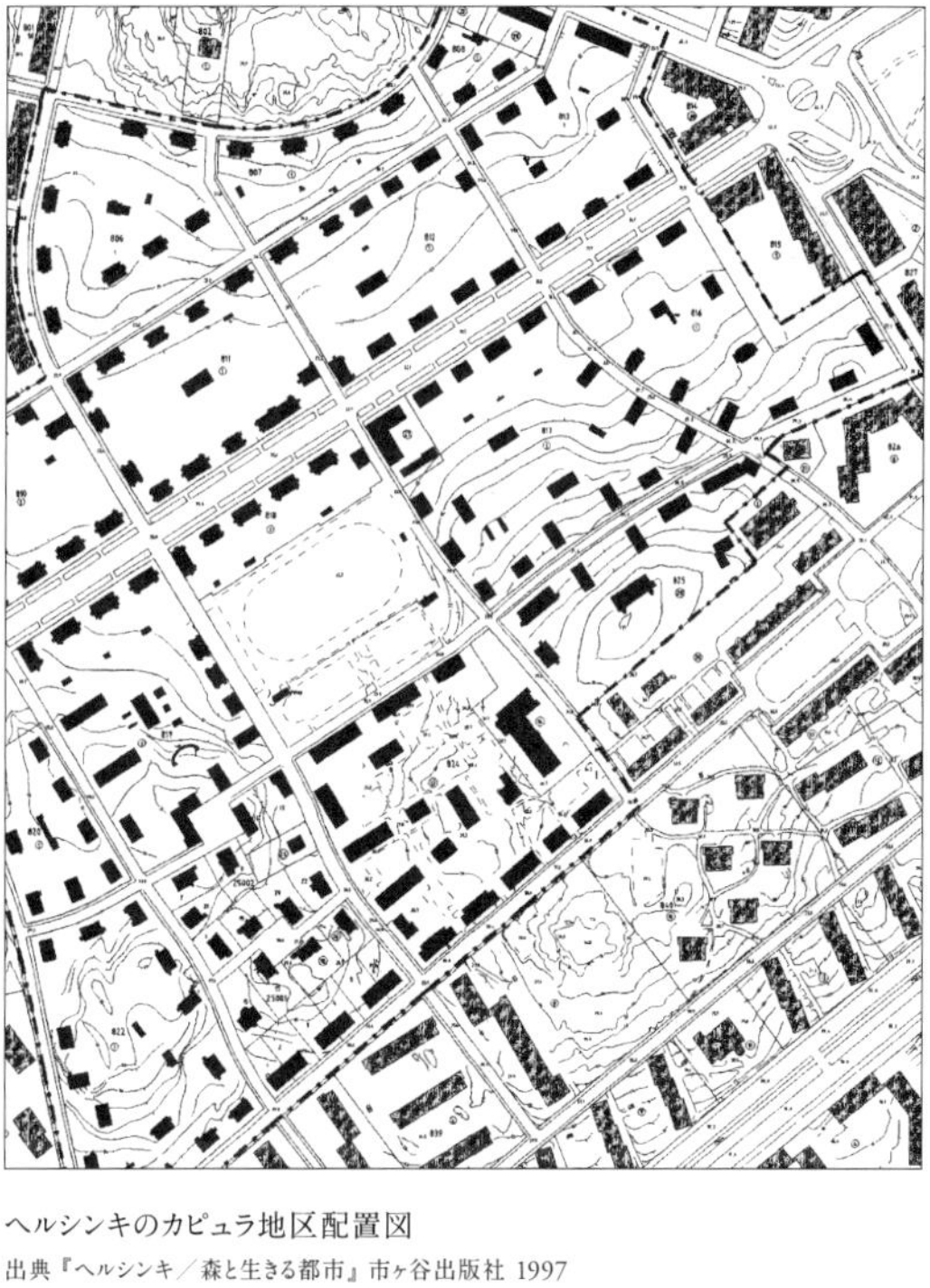

ヘルシンキのカピュラ地区配置図
出典『ヘルシンキ／森と生きる都市』市ヶ谷出版社 1997

その余裕はない。1920年の春を迎えた4月にこの事業計画が市議会によって承認され、組合単位で建築の設計に取り掛かる。いずれも標準設計の方式を採り、組合に応じて、2戸1組の連棟式住居、2階建て（2タイプ）の計3タイプが採用された。冬期に工事をすることはできないので、秋までに少しでも多くの住宅を完成させなければならない。困窮した難民たちにこれ以上の越冬をさせることは忍びない。猶予は半年である。

市が予算をつける公営住宅とはいっても、市が直接に事業主体になる市営住宅ではない。施主は住宅改革協会と呼ばれる第3セクターで、組合方式の事業である。その点では、カピュラより少し遅れ、関東大震災の復興住宅として建設が始まった我が国の同潤会と似ている。技術サイドでは市が前面に出て、全体計画（マスタープラン）を市建築監のビルガー・ブルニラと建築家オットー・リヴァリ・モイルマンの2人が作成し、その下で個々の建築の設計が行われた。建築設計者に指名されたマルッティ・ヴァリカンガス（1893～1973）は、まだ20代の建築家であった[16]。その頃の建築家は、唯一の建築学校であるヘルシンキ工科大学で学ぶか、さもなければ外国で専門教育を受けるかのいずれかであり、ヴァリカンガスは前者に属していた。もっともその工科大学も、大戦勃発に先立つ1908年に前身の工業高校が大学に衣替えしたばかりで、その意味ではフィンランドはまったくの建築新興国であった。しかし、新しい分、力もあった。ヴァリカンガスは、第1次大戦が勃発する少し前に専門教育を修了していたので、イギリス等への視察旅行をぎりぎり果たすことができたのは運がよかった。

カピュラの住宅は木造である。それも北欧の在来構法である丸太組《まるたぐみ》を基本としている。つまり「ログハウス」ということだ。今日、日本でもログハウスが一般に出回っているせいか、普通に使われる用語となってはいるが、技術面での理解が必要なので、読者のためにその特徴を少々説明しておこう[17]。

ログハウスの基本は、住宅の4周に沿って丸太を横に重ねて壁にしていく点にある。つまり柱がないのである。我が国の一般構法である軸組造《じくぐみぞう》は、柱梁を立体的に組み合わせるところに特徴があって、ログハウスとはまったく異なった構造システムとなっている。多く分布しているのは、北欧や東欧、ロシアあたりで、寒い気候の国々に多い。我が国の正倉院に見られる校倉造《あぜくらづくり》もログハウスの一種であるが、その系譜はよくわかっていない。外側に丸太を露出するタイプの方が一般的だが、冬場の気温が一段と低くなるフィンランドの地では丸太の壁の外側にさらに下見板《したみいた》を張りつけるのが普通だったので、見た目にはアメリカの東海岸等に見られるバルーン構法を髣髴《ほうふつ》させるところがある。しかし、よく見ると下見板は横ではなく縦に張られ、丸太と直交するようになっている。むろん、時代によって様式やデザインも変化し、18世紀末からはスウェーデンからフィンランドにかけての地域では古典主義風のデザインが一般的となった。正面切妻を三角形のペディメント（破風《はふ》）を載せたかたちとなし、住宅全体を濃い茶色のペイントで塗る。「北欧木造クラシシズム」と総称される住宅類型で、今でも各地でその遺構を眼にすることができ、ヘルシンキの東50kmに位置するポルヴォーなどは旧市街全体がその様式で覆われていて、往年の姿をそのまま伝えている。

ヴァリカンガスもカピュラの設計にあたって、この北欧木造クラシシズムを下敷きとした。既にアールトたちがモダニズムの実験を開始していた頃であったが、彼は敢えてそのようなスタイルの上での試行錯誤は行わなかった。しかし、カピュラの木造住宅が特異なのは、スタイルではなくむしろその生産システムにあったといってもよい。その点を知るためには、やや堅い話となるが、丸太組構法の特徴を理解しておく必要がある。

従来の丸太組は現場施工の要素が強かった。同一径の丸太を現場に持ち込み、それを一定の長さに裁断して用いるということで、精緻を売り物にする日本の大工から見ると、かなり荒っぽいものであった。しかし、この「荒っぽさ」が冬の平均気温がマイナスになるフィンランドでは逆に重要なファクターとなる。そのことを日芬《フィン》比較論風にいうと、このようなことだ。日本の軸組造の住宅は柱や長押《なげし》といった軸部の間に障子や襖《ふすま》を入れ込むことで、基本的に開放系のしつらえをとる。夏はよいのだが、それが寒冷地の冬になると一転、つくりが細かすぎて冬期の寒さに耐えられない。ところが、丸太組は太い丸太がそのまま壁材となっており、その外側に下見板を張りつけることでさらに断熱層（空気層）が取れるため、室内の暖気が逃げない。天井上と床下には石炭ガラ、さもなければ土を置くことでこれまた断熱層を確保できる。開口部も小さく抑えることができる。つまり、温熱環境的に見て、寒い冬を乗り切るためには最適な住宅なのである。温暖な環境で発展してきた我が国の住宅は、そもそも丸太組を使うという発想がなく、そのせいか、宮大工や数寄屋大工の凝った細工を見慣れた日本人は、北欧やロシアの丸太組の住宅を技がないと見なしがちであるが、一度彼の地で冬を越すと考えを改めるようになる。

言い換えれば、住宅の役割としてもっとも根源的な「生存」のための要件は、気候や環境によって大きく異なり、厳しい環境であればあるほど、温熱環境、施工の容易さ、耐久性などが要求されるようになる、ということだ。マイナス20℃や30℃の世界では、住宅の良し悪しがそのまま人々の命に関わってくる。多少の不備があっても人が被害を受けない、つまり命を失わない、というのが大原則で、そのあたりの余裕（「逃げ」といってもよい）の取り方が重要なのである。安全工学でいう「フェイル・セーフ」、つまり何かの問題が発生してシステムがダウンした場合には、人々の安全を保証する方向でストップするという設計思想がここでもあてはまる。

建築家ヴァリカンガスの優れているのは、こうした点を総合的に評価して、伝統的な丸太組住宅に標準化を施し、現場施工ではなく、工場生産的なプロセスを導入した点にある。タイプも全体で3タイプに抑え、短期で建設するため、一貫したシステムを採用する。その特徴を一言でいうと、柱と丸太の双方を用いた点にある。伝統的な丸太組住宅は柱を使わない。建築の架構を組み立てていく際に重要なのは、接合部の扱いである。我が国の伝統構法では、それを継手仕口《つぎてしぐち》といって、大工の腕の見せ所であり、材の先を巧みに欠き取り、穴をあけ、一度接合したら簡単には外れないような仕掛けとなる。通常の丸太組の場合は若干それに似ていて、丸太の両端を相互に欠き取って、それを互い違いに重ねていく。我が国の仕口と較べればきわめて単純なものであるが、技らしいところはこの部分に限られる。そのため丸太を組み上げていくためには、材を互い違いに組み合わせなければならないので、手間暇がかかる。ヴァリカンガスが考えたのは、そうした仕口の代わりに、4つのコーナーに角材で柱を立て、それをガイドレールとして、丸太を落とし込むという方式である。詳しくいうと、柱の2面に溝を掘り、そこに落とし込む丸太も両端に枘《ほぞ》を切り出す。そうすれば、コーナーの2点に立てられた柱の上から丸太を続けて落としていけばよいだけである。瓢箪《ひょうたん》から駒である。伝統に縛られた職人たちにそのような発想はなかったが、ちょっとした構法の変化が、施工速度も難易度も変えてしまった。これで性能と工期の双方をかなえることができるようになった。その結果、1077戸を収めた計147棟の住宅が1920年から26年の間に完成する。

宅地計画は森林都市の先駆け

都市計画的に眺めてみると、カピュラの計画は大変ユニークである。というのも、そもそもの

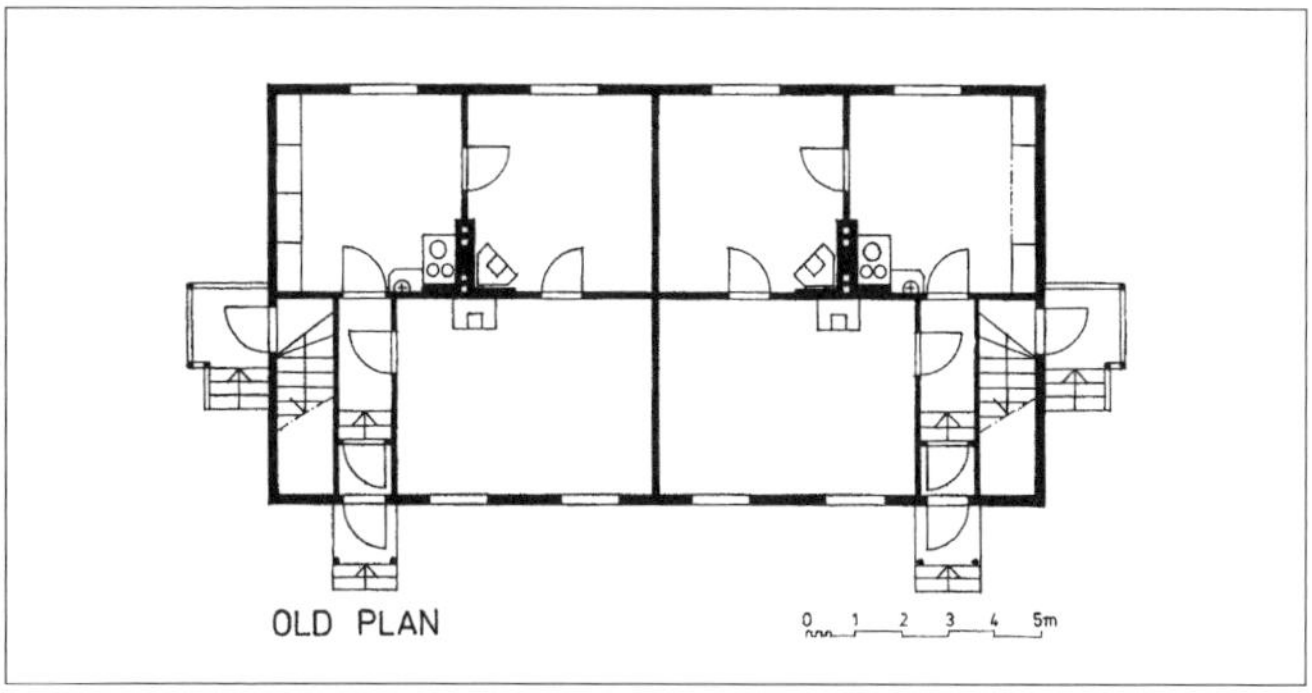

カピュラ地区集合住宅　１階平面図　出典『ヘルシンキ／森と生きる都市』市ヶ谷出版社 1997

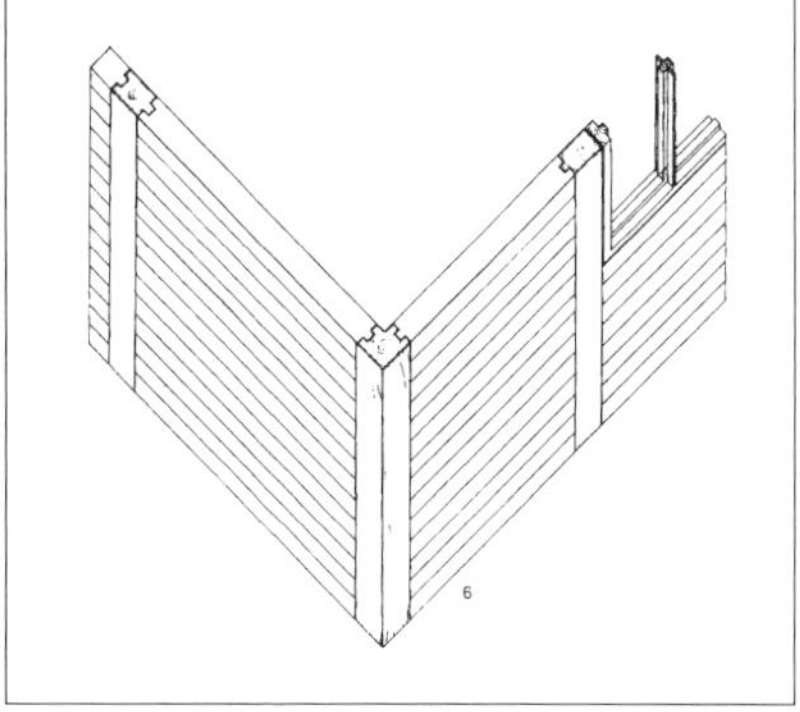

カピュラ地区集合住宅
木造の納まり（柱と丸太壁）
出典『ヘルシンキ／森と生きる都市』
市ヶ谷出版社 1997

立地が森と混じり合った市のエッジにあることで、景観的にも土地利用的にも自然と融合し、ゆったりとした町並みを確保できたからである。国土の中で森の占める割合がすこぶる大きいのがこの国の特徴であり、その資質がそのまま町並みに反映されているということだ。フィンランドは地質学的には古い地層が露出しているのが特徴で、ヘルシンキなどの大都市でも町のあちこちに岩盤が突き出している。気候条件が厳しいということもあって植生はやや単調で、松や白樺が中心となり、その間を地衣類が覆っている。高低差のあるこうした地盤面に道路を計画するには、標準型のグリッドパターンよりは凹凸のある地形に対応してカーブを描いた方が道理にかなっている。18世紀後半から19世紀にかけて新古典主義の思想で開発されたヘルシンキの旧市街は、そうした地形に無理やりグリッドパターンを被せているが、英国発の田園都市の考え方が広まった20世紀初頭には、敢えて幾何学的なパターンを採るよりは、地形と自然に見合った空間デザインがごく素直に受け入れられていた。それゆえ、カピュラの地は、ゆったりとしたカーブを描く本通りとそこから枝分かれする小道という具合に有機的な敷地計画となり、その中に3タイプの住宅が深い緑に囲まれて配置されている。

フィンランド人の自然景観に対する態度を見ていると、フランスのヴェルサイユ宮殿に代表されるような人工的なランドスケープ・デザインに走るのではなく、「森に包まれて住む」ことを一義的に考える点が目立っている。自然を人間の意思で変え「絵のような景色」にしてしまうのではなく、自然の懐に包まれて春夏秋冬をそのまま体験することが大切なのだ。冬景色も大きな意味をもつ。フィンランドが発祥の地といわれるサンタクロースとトナカイの絵を思い浮かべていただければわかるだろう。建築も自然に対峙してファサードを誇示するのではなく、木立の奥深く住宅がひっそりと構えているというのが普通だ。それも木造の住宅がよい。樹々の間は自然のままに放置され、秋になれば落ち葉、冬は雪、そして春になると新緑が萌えてくるのが、そのまま眼に入る。カピュラのランドスケープはまさにそのようなものだった。さらに、内戦後の経済破綻の中で困窮した住民がみずから菜園を耕して野菜を育てることができるようにするという配慮があったこともつけ加えておこう。

20世紀の初めには世界各地で田園都市の試みが行われるようになる。本来、田園都市理論は英国のハワードに始まるとされ、建築史や都市史の分類ではいずれも英国発と整理されてしまうようだが、ことフィンランドを見ている限り、都市と自然の関係からして異なっているようだ。フィンランド人はカピュラに始まる森の住宅地のデザインをあえて英国風と形容するが、そのオリジナリティを勘案すれば、東のサンクト＝ペテルブルクではなく西ヨーロッパを志向したことをことさら強調するための方便と見なした方が適切だろう。しかも、貧困層を対象としながらも困窮度を感じさせない、つまりは貧乏臭くない瀟洒《しょうしゃ》なつくりの住まいに仕立て上げることに成功したのは、北欧本造クラシシズムの外観に加えて、自然との間合いの取り方に負うところが大きい。

実際にこの地を訪れてみると、英国風の煉瓦造の住宅とはまったく異なった木の感触がじかに伝わってきて、何よりも温かみがある。こうした経験があってこそ、第2次大戦後にタピオラやオタニエミといった森林都市の計画にいち早く着手することが可能だったに違いない。

ヘルシンキ市は中心市街地の整備以上に力を込めてこのプロジェクトを進めた。若手によって支えられた設計・技術部門の活躍もあるだろう。貧困層を対象とした集合住宅地であったが、逆に困難な条件だからこそ、計画に意味がある。彼ら若手の技術者集団はこの内容を新しい時代に対する国際的なメッセージとして発信しようとしていた。その当時、モダニズムを標榜する建築家たちが、ヴァイセンホフ・ドイツ工作連盟展（1927）のようにヨーロッパ各地で新しい建築と都市の思想を打ち出して建築展を行っていたのに対応する。カピュラの計画はスウェーデンはイェーテボリの国際都市計画展（1923）に出品され、審査員の特別賞を得ているが、北欧の一画で、しかも古典主義の形態を順守した木造集合住宅というのは、当時流行ったフラットルーフで鉄筋コンクリート造の白い住宅から見るといかにも古臭く映ったのか、モダニストの関心を惹くことはなかった。それが国際的に高い評価を受けるようになるのは、建設から半世紀を経た1970年代に入り、モダニズム一辺倒の気風に反省の兆しが出てきてからである。

カピュラ地区集合住宅 1920–27
出典『ヘルシンキ／森と生きる都市』市ヶ谷出版社 1997

鉄の技術を難民用一時住宅に　プルーヴェの「6－6メートル住宅」

ロレーヌ地方がジャン・プルーヴェを生んだ

フランス東部のロレーヌ地方は昔から鉄の産地として知られている。メス、チオンヴィル、ナンシーといった都市はいずれも産業革命以降のこの国の経済を支えた重工業都市であり、産業構造が大きく変わった現代でも、町の表情は昔を引きずってどこか重苦しい。しかも、この地域はドイツ国境に近く、東隣のアルザス地方と合わせて仏独で領土を取り合った長い歴史がある。アルザス・ロレーヌ問題と呼ばれ、19世紀半ばからの150年に限っても、普仏戦争でドイツ領、第1次大戦でフランス領、第2次大戦中には両国を行き来して帰属するという複雑な経緯がある。

このような領土紛争はそのまま戦争の歴史に反映されてきた。特に第1次大戦に際しては、西部戦線でスイス国境からベルギー・フランダース地方にかけての500kmにわたる前線が形成され、4年間にわたる熾烈な塹壕戦が繰り広げられる。毒ガスや戦車といった新兵器が登場し、その結果として西部戦線だけで300万人の死者を出し、戦争史上、最悪の数字となったことが想い

第２次大戦直後のヴィール市街　ノルマンディ地方

起こされる（全世界では非戦闘員を含めて1900万人の死者）。一帯の都市はことごとく破壊された。この地域の帰属をめぐる係争は旧神聖ローマ帝国からの領土問題を引きずっているが、近代を迎えるにおよんで、鉄や石炭といった豊かな資源をめぐる資源紛争の側面も見逃せない。事実、ロレーヌ地方からベルギー、ドイツ・ルール地方を繋ぐ広範な地域は、鉄と石炭に恵まれ、ヨーロッパ大陸における産業革命の揺籃《ようらん》となった地域である。この東部地方を守るため、フランスは第1次大戦の教訓をもとにアルザスのドイツ国境線上にマジノ線といわれる最強の地下要塞ネットワークをつくったが、実際に第2次大戦の幕が切って落とされると、そこを外してベルギー経由で攻め込んできたドイツ軍にあっという間に蹂躙《じゅうりん》されてしまう。そのため、はやばやと休戦協定を結んで、傀儡《かいらい》のヴィシー政権擁立という不名誉な事態を迎えることとなった。

本項では、この第2次大戦の戦場となったロレーヌ地方の復興段階に着目して、そこで開発された応急住宅を論じてみたい。計画を主導したのは、世界的に知られる建築家／エンジニアのジャン・プルーヴェである[18]。彼は、ロレーヌの都たるナンシーを本拠に活躍し、一時はナンシー市長に任命されるほど地域に貢献した人物で、さらには　フランス、否、世界の建築工業化の先駆者としても知られている。プレファブリケーションの技術を駆使してつくられた応急住宅を理解するためには、その歴史的・技術的背景を知らなければならないので、やや冗長になるかもしれないが、ロレーヌの鉄工業と建築との関係を概観し、そこからプルーヴェの設計方法論についてテーマを絞ってみたい。

プルーヴェの経歴は独特である。少なくとも、20世紀のモダニズムの時代を生きた著名な建築家やデザイナーと比較すると、地方都市ナンシーに生き、一度としてモダニストを標榜することもなく、しかも大企業に自分の工場を乗っ取られるという不運に見舞われたこともあってか、長らく近代史の表舞台に記すにはふさわしくないと思われてきた。設計活動も一見地味であり、オーギュスト・ペレーやミース・ファン・デル・ローエのように華々しく衆目を集めた作品もない。にもかかわらず、その名は広く世界に浸透しており、誰もが一目置く建築家なのである。あくまでもナンシーを拠点として、小は椅子やテーブルのデザインから大は集合住宅や大型施設の設計までをこなし、今でいうならば、プロダクト・デザイナーから建築家、構造コンサルタントの領域までを広くこなした卓越したクリエイターなのである。作品の数もきわめて多いが、問題は、つくった建築の数ではなく、その発想の基盤を常に「もの」へのこだわりに置いていたところにあり、それが多くの人々の共感を呼び、巨匠ル・コルビュジエをして脱帽せしめる存在であったということだ。彼の生誕100周年たる2001年に地元フランスを中心に、多くの展覧会やシンポジウムなどが開かれ、それを境として国際的に再評価の気運が高まってきた。我が国では2004年から翌年にかけて、東京や仙台など国内4か所の美術館や展示施設でプルーヴェに関する大がかりな国際巡回展が催され、結構な人を集めたことが記憶に新しい[19]。

鉄職人の修業を

プルーヴェが国際的に注目を集めるようになったのは第2次大戦後のことであり、建築以上に家具デザインの領域で高い評判を呼ぶようになった。1960年代に行われたパリのポンピドー・センターの国際コンペで委員長を務めたのも彼であり、その彼の采配で現在のピアノ+ロジャースの前衛的なデザイン・センターが実現に到ったのである。ただ、このように光を浴びたのはあくまでも彼の人生の後半部分で、大戦前つまり彼が40歳代を迎える以前でいえば、ナンシーで工場を構える職人あがりの建築家といった程度の認識のされ方に過ぎなかった。しかし、彼の成功の秘訣はこの時代に潜んでいる。

デザイナーや建築家は一般に専門教育を終えるとデザイン事務所や設計事務所に勤め、ある程度の経験を積んで独立するパターンが多い。だから、30歳代に入った頃に自分の事務所を構えることが普通である。その時期、つまり20代から30代はいうなれば修業期であり、この時期を含めて事務所を開いてしばらくの試行錯誤の期間は、その人にとっての最大のキャリア形成期ということができる。このパターンは、今も昔もそう変わらない。プルーヴェの場合、他と異なっていたとすれば、職人あがりというキャリアである。デザイン科や建築学科での専門教育を経ず、工場に働きに出て、生産現場からそのまま設計者になったというのだから、どう見ても異色である。ただ、このあたりは若干説明しておかなければならない。彼の家系はナンシーの知識人層に属し、事実、彼の父親ヴィクトールはアール・ヌーヴォーで名高いナンシー派の工芸家グループの重鎮であり、またナンシー工芸学校の学長でもあった。そんな彼がなぜ学業を捨て鉄工場で鉄職人になったかは腑に落ちないが、その背景には1900年を過ぎた頃のヨーロッパの地方都市における階級形成が流動的であったことが控えている。

鉄と石炭が豊富で19世紀の半ばにヨーロッパの一大工業地帯に躍り出たロレーヌ地方は、一寸先は闇という言葉がその性格をいい当てている初期資本主義の真っ只中にあって、新興ブルジョワ層の浮沈が著しく、一代にして巨万の富を獲得する資本家が跳梁跋扈《ばっこ》する半面、事業に失敗して一晩で路頭に迷う人間も珍しくなかった。成功した側には、たとえば20世紀末にガラス・メーカーのサンゴバン社と合併するフランス有数の鋼管メーカー、ポンタムッソン社を小さな町工場から育て上げた伝説の経営者グザヴィエ・ロジェやカミーユ・カヴァリエもいたが、彼らの出自は伝統的な意味でのロレーヌの職人であった。ガレやドームで名高いナンシー派のグループは、元はといえば地元で工房を構える職人であり、デザイナーという名称よりも町工場の親方という方が似合う立場だった。その彼らが右肩上がりに成長する世紀末の経済をバックに、製法やデザインのイノベーションに成功し、世に知られる工芸品を送り出すようになる。

ジャン・プルーヴェの父ヴィクトールもそのひとりであったが、資金力がなく、なまじ教育者であったがゆえに、第1次大戦でこの地方が戦場となり多くの住民が耐乏生活を余儀なくされる中で自身の家計も破綻し、家族を養うことすらできなくなる。ジャン・プルーヴェが若くして働かなければならなかった理由はそこにある。父ヴィクトールは友人であった彫刻家で鍛冶工房を営むエミール・ロベールの下に16歳の息子を送り込んだ。終戦までまだ1年を残す1917年のことである。ロベールはパリ郊外のアンギャンに工房を構えていたので、眼の前が戦場になっているロレーヌよりは安全な環境である。「私には一度としてお金を貯められたためしがないんだよ」とうそぶく父の言葉を背に受けてロベールの工房に見習いとして入り、鉄工芸の基本を一から教えられるのである[20]。

こうした生き方は、別ないい方をすれば、中途半端なアカデミズムに進むよりも伝統的な町工場の世界に立ち戻り、そこで腕を磨き、工場を盛り立てて企業経営者としてひと旗あげる、ということでもあった。その当時の職人世界は、マルクス主義的な意味での搾取される労働者階級と規定するよりは、伝統的な資本形成をともなった生産基盤の一部であったというういい方が当たっている。そのプルーヴェのキャリア形成が、その後デザインと建築の道に進んだ彼の生涯を決定し、微に入り細に入ったデザインの基本思想をかたちづくるのである。ロベール工房で4年間の修業を積んだ後、プルーヴェは2年間の兵役に就き、その後、1923年末にナンシーに戻って翌年初頭に鉄工房をスタートさせた。時代は変わり、ロレーヌ一帯は大戦復興期の景気に沸いていた。

彼の才能を見込んだ友人が出資して、待望の工房を開くことができたのである。蛇足ながら、徴兵された先で何をやっていたのか気になったので調べてみると、騎兵連隊に所属していた。馬に乗っていたわけではなく、鉄職人としての腕を買われ、蹄鉄の加工を主として担当していたのである。騎兵営において鍛冶工房は地味でありながら縁の下の力持ち的な役割を担っており、意外なところで才能を買われていた、ということである。

鉄の技術とは

ナンシー派はガラス工芸で一世を風靡したが、優れた鉄細工を世に送り出したことでも知られている。ナンシーの鉄工芸は伝統があり、特に18世紀のロココの時代にナンシーのロレーヌ公宮廷をパトロンとして精緻な細工を生み出し、宮殿や邸館、公共建築の開口部やテラスを飾っていった。プルーヴェの鉄職人としての技能はこうしたロレーヌの伝統に支えられていたが、その姿勢は古い職人芸をきわめるということではなく、19世紀から20世紀にかけての鉄の技術革新と裏腹の関係にあったことを知っていただきたい。産業革命の進展は、この地方の製鉄業も大きく変えていくので、そのあたりを理解するために、プルーヴェが依拠した鉄の技術を、背景を含めて一度整理しておく。

鉄は鉄鉱石から精製される。鉱石には不純物が多く含まれているので、それを取り除くことが必要である。そのため、鉱石を1200℃ほどの高温で溶融して表面に浮いてきた不純物を分離する。こうしてできるのが銑鉄《せんてつ》であるが、炭素が一定量含まれていて（4・5％程度）、そのまま鉄を使うと脆く壊れやすいという弱点がある。昔はこの状態でできた鉄の塊を鍛冶工が加熱して叩き、必要なかたちに成形して市場に出していた。これを鍛鉄《たんてつ》という。熱して叩くプロセスの中で炭素が燃焼して含有量が落ち、鉄の粘り気（靭性《じんせい》という）が増して衝撃や温度変化による伸縮に強くなるので、特に刃物には向いていた。我が国の刀鍛冶も原理的には同じプロセスを経るのだが、その工程は比較にならないほど複雑で根気を要するものである。18世紀までのヨーロッパの鉄細工、たとえば階段やテラスの手摺などはこのように鍛冶職人による鍛鉄の製品が一般的であった。ナンシーの宮廷を彩る曲がりくねったロココの装飾はそのようにつくられた。しかし、大きな鉄製品は叩いてはつくれないので、銑鉄を溶かして鋳型に入れ、鋳物として成形した。これが鋳鉄《ちゅうてつ》である。ユネスコ世界遺産に登録されたナンシー中心部のスタニスラス広場を囲う鉄細工の柵や扉は主に鋳物でつくられている。ただ、これでは炭素の含有量が多いままなので靭性が低く、強く力がかかる場所には使えないという欠点があった。

産業革命は石炭と鉄の時代を生み出したといわれる。蒸気機関の発明とともに、製鉄技術が一気に向上し、鉄製品を大量に各地に送り出すことが可能になったということである。そのための技術革新の第一歩は、1840年頃になって反射炉などを用いて銑鉄を1500℃の高温で熱して炭素を燃焼させることができるようになったことである。炉の中で溶けた銑鉄（溶銑という）を撹拌《かくはん》するので「撹拌精錬法」と呼ばれ、そこで精製された炭素含有量が大幅に下がった鉄を錬鉄《れんてつ》という。こうしてできた錬鉄を圧延し、長さ数十mの部材をつくることが可能となり、高い強度を必要とする船や大規模構造物をつくることができるようになった。19世紀の後半に登場する鉄の構築物、たとえば1889年パリ万国博のエッフェル塔やギャルリー・デ・マシン（機械館）はこの錬鉄による長大スパンの鉄材を用いていた。幕末から明治初期にかけて我が国にもたらされたのも、この錬鉄を製造する反射炉であり、フランスの技術でつくられた横須賀のものが最大規模であった。

現在、我々が普通に使っているのはこの錬鉄ではなく、鋼（スチール）である。錬鉄とは異なってほとんど炭素が含まれておらず、強度、靱性、耐久性に大変優れている。しかも溶接が容易で、錬鉄の部材のようにリベットで接合するという手間がいらない。この技術が完成するのは、19世紀の後半にイギリス人技術者のヘンリー・ベッセマーによって転炉の技術が確立されてからである。それまで固定式だった炉を回転させて中の溶鉄を動かすというのが工程上の大きな違いである。樽のかたちをした回転式の炉に溶銑を流し込んで酸素を吹き込むと、温度が1600℃から1800℃くらいにまで上昇し、炭素をきれいに燃焼して限りなくゼロに近づけた純度の高い鉄、すなわち鋼ができあがる。この方式のメリットは短時間に大量に製鋼ができることで、そのため安価となり大量生産が可能となる。まさに画期的な製法で、現在に到るまで鉄鋼のつくり方はこの転炉方式から変わっていない。

このように19世紀の半ば頃から製鉄技術が飛躍的に発展していく。ロレーヌ各地にあった昔ながらの小振りの製鉄所にこうした技術革新がもたらされ、工場設備を更新して、時代の要求にあった鉄製品をつくり出すようになる。ポンタムッソン社のように鋼管に特化して急成長を遂げるものも現れる。鉄職人を自認するプルーヴェは、むろん鉄や鋼を製造し供給する立場ではない。製鉄所でつくり出され、工場でさまざまに加工された鉄の素材を入手して、それから建築や土木構造物などの部材をつくる、いわば鉄工所を発足させ、その経営者となった、ということである。かつて修業を行ったロベールの工房は、建築に付帯する工芸品的な製品をつくるのが主たる業務であり、昔ながらの鍛鉄も、鋳物としての鋳鉄も扱う、古いタイプの鉄工房である。ナンシーに戻ったプルーヴェは、ロベール工房での経験を下敷きに、鍛鉄や鋳鉄の製品を扱うようになり、第1次大戦後の復興期ということもあって結構な収益をあげるのだが、彼には別なこだわりがあった。新しい分野として鉄の薄板《うすいた》に着目したのである。鉄板といえば、今日では家電製品や自動車、鉄道車輌などいたるところに使われていて、人類は昔から鉄板を製造し使ってきたと思っている人も少なくないに違いないが、このような薄板をつくることができるようになったのは最近の話なのだ。鉄鋼の大量生産が可能になり、それを圧延して厚さを数mmにまで薄くする技術が完成してからである。それ以前は薄い鉄板といえば鍛冶工がハンマーで叩いて薄くしていたので、大量な需要にとても応えられるものではなかった。

ポルティークという構造体

薄板による製品は、材料となる鉄板を適度な大きさに切り、折り曲げて使う。ただの薄い鉄板であればそれこそペラペラの紙のようなものであるが、それを折り曲げたり、パイプ状にしたりすると強度を増して変形しにくくなる。このように変形しにくくなることを構造の世界では「剛性が増す」と表現するが、薄板を加工し折板にして使うと、軽量にもかかわらず、強度のある製品ができるということだ。プルーヴェはこのことに気がつき、自分の工房の未来をそれに託す。薄板の加工をするためには、さまざまな機械が必要である。彼は新型のプレス機や剪断《せんだん》工作機、さらには当時としては最大の折り曲げ加工機を順次購入して、新しい製品にチャレンジする。間仕切り、サッシ、家具を金属製品として世に送り出すのである[21]。

このような機械を購入するとなると、1台が現在の価格で数千万円台となり、大量生産を前提にしないと採算が合わない。住宅はどちらかというと一品生産の要素があり、それぞれの部品をつくるのに特注でプレス機をというわけにはいかなかった。しかし、時代は第1次大戦後の建設ブームを迎えていて、住宅の需要はたくさんあり、それに見合った室内の内装や家具・備品であれば大量生産が可能である。この時点で、プルーヴェの頭の中は古めかしい鍛冶工の世界から新しい「工業化」の世界へと切り替わっていた。室内だけでなく建築それ自体も金属製の大量生産品に置き換えられるのではないかというのが彼の最大の関心事であり、その後、半世紀にわたってその課題を追い続けることになる。

プルーヴェによる金属製家具が軌道に乗り始めるのは1930年代に入ってからである。机や椅子を鉄板の加工でつくるようになり、特に学校や公共施設の家具は標準化されて大量生産が可能であり、なおかつ耐久性があるために、施主側の要求にもぴったりである。ロレーヌ地方各地の学校や公共団体から引き合いがあり、プルーヴェの工房は評判を増していく。彼の家具設計は従来の木工家具とは発想を大いに違えている。一言でいえば、構築的なのである。伝統的な家具は、椅子でも机でも脚があってその上に座面や天板を載せる。その接合部に回転力がかかって捩《ねじ》れに弱いというのは、実際に使っていればよくわかるだろう。しかし、プルーヴェは鉄の特徴をよくつかんでおり、椅子でいえば背板と座板を一体としたり、後脚にかかる力を考えて後ろを膨らませた構造を考えたりして、彼独特のプロトタイプをいろいろつくっていく。薄板で椅子やテーブルの脚をつくるというのは、鉄板をいわば魚の開きのような形状に切り取り、それを折り曲げて脚となすのである。中空であるから軽量で、なおかつ耐久性は格段に増し、性能を求める顧客からの評判は大変よい。こうして1930年代の半ばを迎える頃には、ナンシーの彼の工房は規模を拡大し、立派な工場に成長していた。彼自身も、当初の目標通り、地場の企業経営者として注目を集めるようになる。

プレファブリケーション、つまり工場で部品を製作して、現場ではそれを組み立てるだけで済ませる、という考え方が登場したのもこの頃である。この考え方を建築物にも適用し、従来の石や木の建築からアセンブリーだけで完成する鉄の建築を目指すようになる。当初は建築家と共同でその部品や備品を製作していたのだが、いつのまにか彼みずからが建築家として建造物を構想し、自身の工場で製造するようになってきた。彼の建築のアイデアは柱・梁によって建物を構成しようとする一般の建築家と若干異なっている。ポルティークと呼ばれる門型の支柱を内部に置いて、それが上部を支えるのである。柱と梁で空間を取り囲んで箱型をつくるのではなく、机のように真ん中で支柱が持ち上がって屋根を支え、その屋根と床の隙間を建築空間として用いる、という考え方である。彼は第2次大戦後になってこの構造方式を大々的に発展させ、建築も家具も同様の構造概念でつくるようになっていたこともあり、ポルティークはプルーヴェの代名詞として用いられた。その始まりは第2次大戦直前の1938年頃で、H型のポルティークを考案する。支柱（当時は「架台＝シュヴァレ」と呼んだ）の上部に棟木《むなぎ》をわたし、両側に腕を広げるように垂木《たるき》を架けるのである。こうしてできた構造体の間を埋めるようにパネルで外壁をつくっていく。中央にポルティークを置くので「センター・ポルティーク」式の構造と呼ばれ、これが基本形となって、以後さまざまなバリエーションへと展開する。翌年には支柱のかたちをコンパス型に変えて上部に太い棟木をわたす形式へと発展する。

プレファブ化された住宅に最初に飛びついたのは陸軍であった。ヨーロッパ全体がきな臭い雲に覆われ、戦時動員体制に切り替わっていったため、移動可能でどこにでも建設できるプレファブ兵舎は大変魅力的である。プルーヴェは工兵隊から早速300棟の発注を受ける。ただ、この兵舎はポルティーク方式ではなく、柱・梁方式のプレファブであった。ところが面白いもので、プルーヴェと共同で仕事をしていたインテリア・デザイナーのシャルロット・ペリアンが日本の商工省の招きで来日した際にこのポルティークの図面を携えてきた。その図面を眼にした受け入れ役の坂倉準三が、早速海軍のためにほとんど同じタイプの兵舎を木造で設計し、南方で用いることになった。最近、坂倉設計の図面が元所員の家で発見されてこの事実が明るみに出た[22]。日本人の「器用」なところがついつい出てしまったのかもしれないが、これ以上のコメントは避ける。

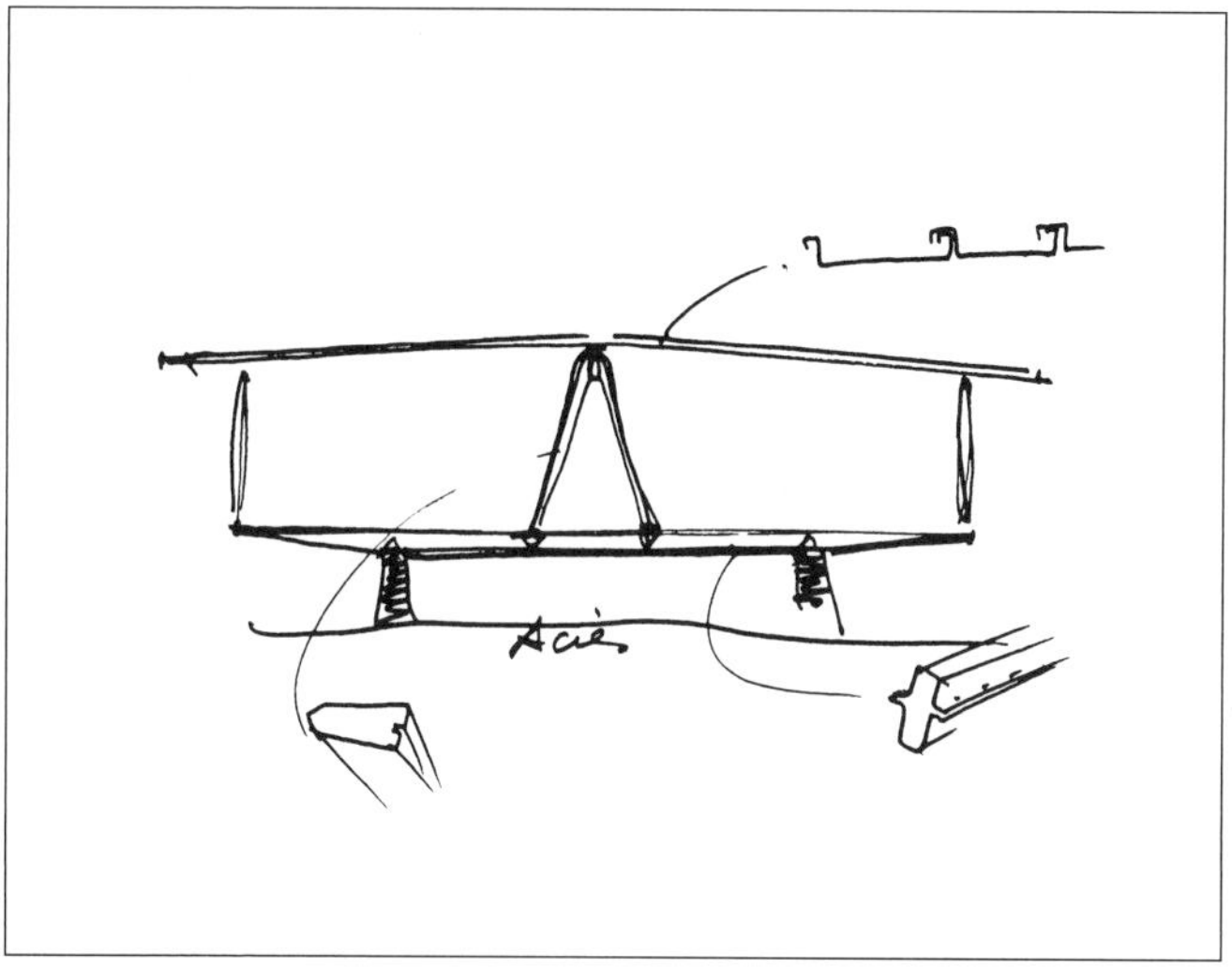

ジャン・プルーヴェ「ポルティーク」のスケッチ
出典『ジャン・プルーヴェ』TOTO 出版 2004

難民のための「6－6メートル住宅」

第1次大戦が終わって第2次世界大戦が始まるまでの時期、つまりは戦間期は20年余り続いただけで、ナンシーは再び戦雲に包まれることになる。1939年9月にナチス・ドイツ軍のポーランド侵攻によって勃発した大戦は当初、もっぱら東欧ならびに北欧方面で戦火を交えるに留まっていたが、翌年5月になってドイツ軍がベルギー経由でフランスに侵攻する。不意を突かれた英仏連合軍はダンケルクから英国に逃れ、フランスはドイツの軍門に下ることになる。アルザスおよびロレーヌの一部は再びドイツ領になり、ナンシーはドイツ占領地域として1944年までの4年間を耐えなければならなかった。同年9月の解放に際して、レジスタンスを支え人望を集めていたプルーヴェはナンシー市長の職を授かり、大戦終結までの8か月の間、ナンシーの市政を切り盛りしたのである。大戦勃発に際しては、フランスの敗戦があまりにも早かったので、ロレーヌは激しい戦場にはならなかったが、連合軍が上陸して解放戦がフランス国内で行われるようになると、ドイツ軍との一進一退の戦いが繰り広げられたため、多くの都市が破壊され、住宅が失われた。被災した住宅は189万戸、そのうち45万戸が全壊していた。その結果が、300万人におよぶ難民の発生である。

プルーヴェの力量が試されたのは、まさにこの時期である。眼前に控えた課題はきわめて大きく難しい。ひとつはナンシーでの企業経営と社会貢献で獲得した知名度を背景に復興に向けて市民の政治的な結束をはかること、もうひとつは建築の専門家として苦境にあえぐ難民の支援、さらには戦災復興のための都市計画と住宅供給を推進することであった。

「復興は早急に行われなければなりません。町も村も破壊されています。もし伝統的な工法で作業をしていたら、20年経っても終わらないでしょう。切り出した石材とコンクリートで建てると、石工や大勢の専門の職人が必要です。しかし、そのような職人は今ではごくわずかしかいません。そのため、橋や街道、港湾や新設の鉄道など、大がかりな工事、コンクリートや巨大な鉄骨でつくる必要のある工事に彼らを割り当てなくてはなりません。それでは誰が建築を建てるのか。それは大工場しかないと、私は考えます」

このように述べたプルーヴェは、戦前に彼が開発したポルティークの架構方式を用いて、標準化されたプレファブ住宅を設計し、それを応急難民住宅として供給しようとした。フランス政府は戦災復興に全力を挙げて取り組むことになるが、住居の確保は中でも緊急の課題であった。国内にその備えがなかったため、まずもってイギリスから工事現場等で使う仮設住宅を輸入し、プレファブリケーションがある程度進んでいた北欧やアメリカからもプレファブ住宅を取り寄せた。むろん膨大な数の難民に対してそれでは焼け石に水である。国内で大量の応急住宅を生産し供給しなければならない。それができるのはプレファブの技術的蓄積を有しているプルーヴェの事務所しかない。彼が、東部のロレーヌ、フランシュ＝コンテ地方を対象として復興・都市計画省から応急住宅の開発を依頼され、最終的に450戸の建設を行ったのは、そのような理由による。

「戦争罹災者のために建てようとしている住宅は、サイズが6×6m、または6×12mになります。4tの資材で、1日半で組み立てることができます（中略）この種の住宅の構造は、屋根面も構造エレメントになっていて、屋根面を受ける梁が門型の上部を形成し、壁面と一体にしています。このような小さな建物をつくるには、2tの鉄鋼を使います。木材の量も半減して、倍の数の住居を建てることができる、それが強みです（中略）施工は迅速です。壁はとても薄く、50から60㎜、鋼板のふくらみによっては70㎜の厚さ。窓は列車のようにスライド式で、きわめて経済的で機能的です」

プルーヴェの建築は1mをモジュールとしているので大変わかりやすい。メートル法発祥地のフランスならではで、しかも3の倍数で分割がしやすい。実際、ここで提案された応急難民住宅は、1辺6mの正方形か、あるいはその倍の規模とされているが、6×12mのものは実際には建設されなかったので、基本的には生存に必要な最小限の機能と面積を備えた住宅、一般に最小限住宅と呼ばれる部類に属す。その大きさから、後になって「6-6メートル住宅」と呼ばれるようになった。組み立て方は、戦前のモデルをほとんどそのまま踏襲している。ポルティークによる構造体をつくって、その周りを木造のパネルで被覆する、と考えればよい。資材の節約、経済性を考えて、

1

2

3

4

5

6

7

8

9

10

11

12

ジャン・プルーヴェ
「6-6メートル住宅」
の建設過程 1944
©出典『ジャン・プルーヴェ』
TOTO出版 2004

ポルティークはひとつ、それをヤジロベーのように真中に立て、端部の壁材によって固定するようにした。応急住宅ゆえ、敷地はどこにでも対応できる。アセンブリーの工程からいえば、まず四隅に基礎の石を積むわけだが、斜面であっても凸凹な土地であっても、それぞれの基礎の高さを調整すればよいので、水平を取るのは簡単である。その上に木造の床パネル（6×6m）を組み、中央に門型のポルティークを置く。ポルティークの前後の腕木を水平に伸ばしてそれを棟木となし、両側に端部のファサード面（横梁と壁パネルからなる）を取りつける。これで骨格が安定するので、後は棟木に直角に垂木を並べ、その端部を上枠（日本では「鼻隠し」と呼ばれる）で繋ぐと屋根も安定する。あとは屋根と壁にパネルを取りつければよい。接合はすべてボルトで留めることができ、6名の職人で1日半の工程とされた。

最小限住宅として

応急住宅は、家を失って苦境にあえぐ人々を対象として、1日でも早くつくり上げ、住む場所を提供しなければならない。何よりもスピードが重要であり、敷地にこだわってはいられない。その意味では、施工性、工期、人工《にんく》、コスト等の面において優れた成果を示すプレファブリケーションは最適であり、プルーヴェが開発してきたシステムは、まさにそのためにあったといってもよい。工場で部材をつくり、現場に運んで組み立てるという手順から、輸送の効率性も重要な指標である。トラックに載せて輸送ができる、重機を使わないで動かすことができる、といったことも決定的な要件となる。基礎の石や煉瓦などは現場で十分調達可能であろう。「6‐6メートル住宅」では、何よりも部材数が少なく、同一部材を反復させて組み立てられるというのは大変楽である。遊牧住居の原則がここでも生きている。日本でのプルーヴェ展の開催にあたって、実際に、この住宅の組み立てと解体を行ったところ、2人の職人が1日働けば十分であって、彼の示したスペックよりも性能がよい。むろん、薄板といっても鉄であるから若干重いわけだが、それでもひとつひとつの部材はひとりで持ち運びできる。もっとも重いポルティークもふたつに分けられるので、特に苦にはならない。

さて、この住宅の中でどのように人が住んでいたのか、つまりはどのような暮らし方をしていたかは大変気になるところである。幸い、「6‐6メートル住宅」の図面が残されていて、設計サイドで内部の部屋割りをどう考えていたかがそれなりにわかる。それによれば、基本は3室構成で、半分をリビング兼ダイニング、残り半分をふたつの寝室に分けて使っていた。ポルティークで構成される四角い枠は、そのままアルコーブとして凹んだ空間にしていたようだが、そうすれば棚や家具を入れ込むことができるという配慮だろう。もっとも重要な水回りについては図面上に現れていないが、少なくともキッチンは配管を行えば室内にしつらえることができたが、トイレやシャワーはスペースの問題以上に給排水、そして衛生上の理由で外部に共同施設のかたちを取ったと思われる。実際、外部写真を見る限り、床下が空いているので、そのようなものを取りつけたとは思えない。最小限住宅といえば、1951年に登場した日本の住宅公団の「51C」といわれる住戸タイプは、2DKで面積は43m²であったので、プルーヴェのものより若干大きい。もっともこれは中産階級のための恒久的な集合住宅として設計されたわけで、そもそもの目的が違い、水回りなども狭いながらもきちんと取りつけられている。日本の公団住宅では住まい方調査といって、住民が住戸の中をどのように使っていたかは丹念に調べられている。それに対して、大戦末期の戦災被災民の応急住宅がどのように住まわれていたかは具体的な調査データがない。従って、我々としては想像するしかないのであるが、少なくとも組積造の伝統のある国で、住居としての最低限の機能、つまりは安全で安心して生活ができる場所、という点は保証され、同時に断熱性や保温性といった性能も担保されているのであれば、被災者は大いに喜んだに違いない。彼らが何年をそこで過ごし、どのように次の場所に移っていったかについてはデータがないのでわからないが、一時的なシェルターとしての役割は十分過ぎるほどに果たしたことは間違いない。

当初、プルーヴェの建築作品の中でもこの「6-6メートル住宅」は、戦後彼が手掛けたさまざまな建築に較べて、見栄えもせず、応急住宅ゆえに、時代が豊かになるとともに必要がなくなり、きちんと保存されていなかったことから、実質的に忘れ去られてしまった。成長の時代を迎

ジャン・プルーヴェ「ガソリンスタンド」1951
ヴィトラ・デザイン・ミュージアムに移築

えて、ル・コルビュジエの作品が話題を集め、プルーヴェの場合もアルミニウム100年記念館やラ・デファンスの超高層ノーベル・タワーなどが衆目を引き、戦争直後の悲惨な時期など完全に過去のものとなっていた。それが改めて脚光を浴びるのは、たまたま、そのうちの1棟が見つかり、折からのプルーヴェ・ブームに乗ってパリのコレクターが購入したものが2000年のヴェネツィア・ビエンナーレに出展されてからである。ビエンナーレのテーマが「美よりも倫理を」（Less Esthetics, More Ethics）ということで、建築の社会性を訴える上でのシンボル的な作品としてこの住宅が選ばれ、難民住宅が再評価されたわけである。以後、この「6-6メートル住宅」は世界各地から展示物として引き合いがある。元来が組み立て住宅であったので、必要に応じて解体、移動、組み立ての作業を行うことに支障はない。日本を含めて半年おきくらいのペースで、世界を巡回している。近年の調査で、「6-6メートル住宅」はロレーヌ一帯に15棟ほど残っていることが確認された。メスに近いポンタムッソンの町にも1棟が見つかり、不動産業者によって10万ユーロで売りに出されていることをつけ加えておこう。

砂漠のリセトルメント計画　「クルナ・エル・ジャディーダ」

上エジプトは貧困率が高い

エジプトは国土の大半が砂漠で、７８００万人の国民は、ナイル河に沿った南北の細長い地域と西部のいくつかのオアシスを合わせた僅かな土地に住んでいる。ナイル河流域はエジプト全体の４％に過ぎないにもかかわらず、６０００年にわたる歴史を支え続けてきた。この河がなければ、地中海から内陸奥に入った地帯は灼熱のサハラの気候にさらされて、隣のリビアやチュニジアと同様、ただの砂漠となっていたに違いない。この特異な地理的条件のおかげで強大な王国が築かれ、地中海世界に君臨する圧倒的な文明世界が出現したのである。今日のアラブ世界の雄エジプトは、そのような栄光ある歴史を背負っている。

だからといって、過去の文明にすがるわけにはいかない。現在、エジプトのひとりあたりの国民総生産は世界第１１４位に甘んじており、２４５０ドル（２００９）という数字は日本の15分の１でしかない。最貧国のエチオピアやコンゴ（旧ザイール）の６倍はあるといっても、北アフリカのアラブ諸国の中では最低で、やはり深刻な貧困問題を抱えた開発途上国の範疇に含めなければならない。その原因のひとつが、アラブ圏の中では突出した人口増加にあるといわれ、狭い土地に夥《おびただ》しい人々がひしめいてパイを取り合っているために経済が一向に浮上しない。実際にエジプトに赴いて、巨大都市カイロの裏町や、あるいは田舎の農家の家並みの中に少しでも足を踏み入れてみれば、庶民たちが日々の暮らしに四苦八苦している様が嫌でもわかるものだ。富裕層や知識人を見ている限りは欧米と特に変わらないのであるが、人口の大部分を占める農民や賃金労働者がそのような状態にあって、貧富の格差はいくら時間が経っても埋まらない。そういう社会情勢に人々は不満を募らせているのか、英国レスター大学から定期的に発表されている「世界の主観的幸福度マップ」のなかでエジプトはエチオピアやブルキナ・ファソと並んで、最下位の30か国に含まれるというありがたくない順位を頂戴している。

そんなことでエジプトの底辺をかたちづくる人々の層がどのようなものであるか、興味をもった。人口学者の研究によると、エジプトの人口が急増し始めたのは、19世紀の後半になってからで、それまでは数千年にわたって数百万人のオーダーで上下を繰り返していただけという。新王国のツタンカーメンからラムセス2世の時代であれば300万人程度、古代でもっとも人口が増えたのがクレオパトラの頃、つまり紀元前から紀元後に移るあたりで、大体450万人くらいとされる。ナポレオンがエジプトに攻め込んだ1800年頃も同じく450万人であったといわれるから、要はそれほど変化していないのである。エジプト人の生活サイクルはきわめて単純で、毎年、ナイル河の氾濫にともなって肥沃土を得た土地を耕作し収穫を得るという自然のサイクルにのっとっていた。農業技術的にはベイサン（水盤）式灌漑農業と呼ばれ、それを古代から延々と続けていて、そのエコバランスが人口とうまく釣り合っていたとされる。ところが、20世紀に入ると、綿花の栽培に重点を置いた英国の植民地政策もあって、流域一帯に縦横に水路を掘って灌漑を促し、農耕地の土地利用の効率化をはかって農業生産を上げるようになった。生産の拡大が人口増加を推進するという右肩上がりの構図に置き換わる。だからといって流域面積が変わるわけではなく、狭い土地を有効に使うため、農業の集約化、居住人口の高密度化が進み、1900年頃に1000万人となった人口が1世紀を経て8倍近くにまで膨らむという驚くべき成長を遂げる。問題は、そこで生まれた余剰人口には就業機会が行きわたらず、発展のおこぼれも回ってこない、ということだ。昨今のアラブ諸国で発生した暴動、政変のきっかけは食糧問題であるともいわれているが、増え続ける国民を食べさせるだけでも至極大変なことなのである。

エジプトの人口の2割はカイロ大都市圏に集まっている。空から眺めると、見わたす限りの広い町並みであるが、そこから少しでも南に下ると、ナイル河沿いにのみ農地が連なり、町や村が点在する風景となり、都市と農村の格差が今なおお大きいことを実感させられる。実際に首都圏と上流の上エジプトとでは、所得格差も倍くらいの開きがあり、加えて伝統に対する態度や人々のメンタリティまでもが異なっていて、まったく別の文化圏に属しているようにも思える。本論で扱うことになるのは、この上エジプトの零細民であって、世帯あたりの平均年収が2000ドルを僅かに超す程度の生活に甘んじている人々である。しかも上エジプトでは教育の機会も低く、農村部では非識字率が3割を超す村も少なくない。本当に貧しいのである。

リセトルメント

エジプトはイスラエルとの間で何度も戦争をしてきているが、スエズ運河の西側、つまりアフリカ側は戦場にはなっていない。第2次大戦に際しても英独軍の間でのリビア国境のエル・アラメインでの戦いが記録されているが、人が住まない砂漠での戦闘であって、エジプト人から見ればヨーロッパ人の勝手な戦争以上の何物でもない。自然災害も北の方で時々軽微な地震が起きる程度で、地震大国の日本人から見る限り、あまり深刻ではない。上エジプトに到っては、古代から雨が降ったことがなく、ナイル源流のウガンダやエチオピアでの降雨で季節的に水量や水位が変わる、といったものだ。だから、上エジプト方面にいる限り、人々の憂いは戦争や天災に対してではなく、みずからが置かれた社会的境遇、つまりは貧乏だという点に尽きる。このような状況であるから、人々の危機意識もまったく異なった方向に向いていく。

エジプトはファラオの国であり、スルタンの国であった。強い権力者がいて、その意思を末端にまで行き渡らせる仕組みが古代からできあがっている。長い王政の時代を経て、昨今はナセル、サダト、ムバラクと強権型の大統領が国を支配してきた。そういうところでは官僚制が幅を利かせる。役人が威張ると言い換えてもよい。しかも、経済が浮上しないのであれば、雇用の保証された官吏になるのが手っ取り早い収入の道である。ひとたびポストに就けば、その特権を利用して賄賂をとって安い給料を埋めればよい。こう考える輩が少なくないようだ。そんな極端なことを思い描かなくとも、人口あたりの公務員率という指標を参照してみると、その国なり土地なりの権力の行使をめぐる特質がよくわかる。エジプトでは人口1000人あたりの公務員数が78人で、日本の17人、先進国最大のフランスの34人という数字と比較すると、いかに公務員が多いかがわかるだろう。特に上エジプトではその割合が高く、就業者の2割が公務員だといわれる。貧しい地域ほど役人が増え、役所が「産業」化するということである。

英国委任統治時代からエジプトでは大型事業が動いてきた。19世紀後半に開通したスエズ運河の開削を除けば、他のほとんどは水利事業に関わり、近年ではアスワン・ハイ・ダムの建設（1970年完成）、ナセル湖から砂漠地帯に水を引くトシュカ（ニュー・ヴァレー）建設、シナイ半島の農業灌漑プロジェクトなど、水資源開発そのものである。乾燥地帯で水のあるなしによってそのまま生存の可否が決定される場所柄であるから、当然といえば当然である。この種の大型事業は国家、それも強い権限をもった為政者が存在して初めて成立するもので、この半世紀におよぶ開発独裁的な大統領の施策がそのことを物語っている。その下でさまざまな省庁がその任を受け、末端に到る官僚のネットワークを駆使して事業の遂行をはかる、といえばスマートであるが、実際は、大型事業によって発生するさまざまな利権を最大限自分の手元に引きつけることが重要で、そこで生じた果実をいかに内輪で分配するかということが平然と語られている。当然、地域においても閨閥《けいばつ》や部族といった単位でその利権を分配する構造ができあがり、地域対策という名目のために国庫（開発援助）の資金をふんだんにばら撒くことになる。その利益に与《あずか》れない集団との軋轢は日常茶飯事で、それが武力をともなった紛争になることも珍しくない。エジプトにおける大規模水利事業を評価する際には、技術論だけではなく、その種の社会的組織論に含みをもたせておかなければならない。

エジプトの大規模事業の特徴は、その実施にともなって大規模な人の移住が行われるということである。ダム建設であれば、湖底に沈む集落からの住民の移動、砂漠の中の灌漑事業であれば、その推進役となる農民の確保、といったことで、小は数百、大は万の単位で人々が動く。たとえばヌビア人1万人の強制移住を断行したアスワン・ハイ・ダムの事例、オアシス地域ニュー・ヴァレーのアブ・ミンカルの村のように1980年代にエジプト各地から数百戸の希望者を募って移住を行ったものまで、さまざまである[23]。近年では、こうした人々の移住を英語のまま「リセトルメント」と呼ぶことも多い。本書でもその用語を敷衍《ふえん》して、上エジプトにおけるいくつかのリセトルメントに着目し、地域の零細民の移動がどのような困難をともない、どのような過程で進行していったかを論じてみたい。

考古学的理由から

20世紀に入って実施されたエジプトのリセトルメント事業の中で、少々変わった経緯を辿っているのは、第2次大戦直後に打ち上げられたルクソール地区のクルナ村移住計画である。ルクソールは新王国時代の首都テーベを起源とする由緒ある町であり、市内にはカルナック神殿など古代エジプトを代表する建造物が集中し、また、ナイル河対岸には「王家の谷」と呼ばれる歴代のファラオの地下墳墓群が広がっている。ピラミッドと並んでエジプト観光の定番コースに入っており、今では1年間に100万人単位の観光客が訪れる世界有数の観光地を自負しているが（エジプト全体で年間1200万人）、人々が飛行機に乗って気楽に海外に出かけ観光を楽しむマスツーリズムの到来以前の時代では、海外の調査団を中心として、年間せいぜい数千人の外国人が訪れる程度のものだった。その何割かはルクソールに足を運んだことだろう。しかし、訪れる人は少なくとも、既にエジプト学という学問体系が築かれ、ツタンカーメンを始めとする古代エジプトのファラオたちの副葬品が発見されている。エジプト考古学の拠点となったルクソールは、いわば古代エジプトという無尽蔵の鉱脈を控えさせた遺跡考古学を「産業」とする都市であり、その鉱脈保護のためにさまざまな施策が展開されていた。

エジプトにおける考古学の元締めはエジプト考古学庁であった。現在ではエジプト考古学最高評議会と改組され、文化省の一部局となっているが、1971年までは独立した官庁で、その長官は閣僚待遇とされた。考古学庁の成立は1858年に遡る。時のエジプト総督（君主）サイード・パシャのもとでフランスのエジプト学者オーギュスト・マリエット（1821〜81）が長官に就き、彼の死後も代々フランス人エジプト学者がその任を引き継いできた。イギリスの委任統治となった後もその点は変わらず、後にルーヴル博物館館長になるエチエンヌ・ドリオトン（1889〜1961）が1952年にナセルによる革命で職を辞すまで、その慣習が続いていた。クルナ村のリセトルメント計画が起こるのは、まさにこのドリオトン長官の時代であった。

その当時、考古学庁では各地の遺跡整備の計画を進めており、王家の谷を有するルクソール対岸は特に重要地点として位置づけられていた。法的には対象となる考古学エリアに遺跡地区の網をかけ、開発行為を規制し、地下に眠っている遺跡を保護するということで、将来の発掘に備える必要があった。発掘はすべて考古学庁の許可を得ることが義務づけられ、また発掘成果はすべて報告しなければならない。住民による好き勝手な発掘は禁止され、警察による監視の対象となった。エジプトにおける遺跡の管理部門は、理屈の上では我が国の文化庁の考古部門と同じものだが、その権限は圧倒的に強い。むしろ、鉱物資源や石油資源をコントロールする資源エネルギー庁のようなものだと考えた方がわかりやすいかもしれない。遺跡保護にあたって権限強化が叫ばれていた背景にはふたつの大きな問題が控えていた。ひとつは、欧米の考古学者たちが、エジプト側の意向とは関係なく、自分たちの都合だけで勝手に発掘を行うため、エジプトの文化財の領分が「荒らされる」という状況であり、もうひとつは現地の住民たちによる盗掘で、金になるものなら何でも無許可で掘り出して闇業者に売りつけることが横行していたのである。

「盗掘」つまり地下に眠った財宝を転売目的で勝手に掘り出す行為は、近代に学問として成立した考古学よりもはるかに長い歴史をもつ。王侯貴族の墓廟を暴いて、そこに価値ある副葬品やミイラを見つけては持ち出し、売り捌くということで、エジプトではすでに古代のファラオの時代から存在していた。新王国のファラオたちが谷間の奥深く掘り込んでみずからの墓をつくり、埋葬後はその痕跡をすべて消し去ったのも、盗掘の被害を防ぐためであった。それでも盗掘者は絶えない。王家の谷の入り口にあたる丘の上に陣取るクルナ村の住民たちはまさにそのような行為で代々生計を立てていた。彼らは18世紀になってヨーロッパの収集家の間でエジプト・ブームが起き、この地の墳墓に埋まった古代の文物が高く取引され始めたことで、ここに移り住んできたといわれる。王や貴族の墳墓の多くは彼らによって盗掘され、空いた地下の墓室は低温ゆえに食糧貯蔵庫などに用いられていた。本職は農民であるのだが、眼の前に広がる土地の中に「埋蔵資源」を掘り当てさえすれば、カイロから訪れるディーラーに売ることができ、その地下ルートを通して世界中に盗掘品が流れていく。むろん、それだけではない。観光客が来れば、土地勘を売り物としてガイドとなり、発掘があればその手伝いもする。アラバスターを古代エジプト風に刳《く》りぬいて壺や置き物をつくり、地中にしばらく埋めて古色をつけ、出土品と偽って観光客に売りつけるのも仕事のうちである。考古学的なオーセンティシティ（本物であること）といった概念はもち合わせていないので、罪の意識はない。マーケットがあるからこそ、市場原理にのっとって動くだけである。

　こうした不法行為に対して文化財保護の考えからそれを取り締まる、つまり考古学庁の正義を執行する、というのが、日本でも欧米でも一般的に行われることであるが、事はそう簡単ではない。先に述べたように、このあたりの住民は大変貧しい。そこで唯一現金収入を可能にしているのが、この盗掘や模造品売買なのである。闇取引となるので当然、元締めがいて、表からはよく見えない資金の流れができあがる。そうした筋が必要とするのは、多少なりとも考古学を知った人間、つまりは内部の人間の情報であり、そうでなくともお目こぼしの範囲で、ある程度の不法行為を黙認することである。賄賂とまではいかなくとも、紹介料、情報提供料といったものが官吏の懐にも入ることで、皆が潤うのである。そもそもファラオの至宝とはいっても自分たちの土地に埋まっているのだから、イスラームが禁じている窃盗や強盗とはまったく異なる行為である。

エジプト、ルクソール近郊にある王家の谷の旧クルナ村

むろん、トップの方はそのようなことは考えない。外国人であるからこそ、そのあたりがよくわかり、厳しい文化財管理の姿勢を部下に求める。カトリックの司祭でもあるドリオトン長官は、すべての発掘品や考古学資料が国に帰属するよう文化財法の改正を行った当人であり、そのあたりは徹底している。彼の下で、ルクソールの責任者を務めるのがベルギー人の考古学者アレクサンダー・ストップレアで主任修復官のポストにあった。彼らは、遺跡保護の妨げとなる盗掘者に罰を加えるのではなく、村ごと別の場所に移住させることがもっとも人道的な解決であると考える。第2次大戦が終わってまもない1945年にその計画を建築家のハッサン・ファトヒに委嘱し、国王の了解も得た。計画をファトヒが練り、細かい移転のための実務は地元の考古学庁出先の官吏に任せるというものである。彼にとっては最初の公共プロジェクトであった[24]。

日乾煉瓦

クルナ村のリセトルメント計画はそれなりに大掛かりなものである。対象人口は約1000世帯で約7000人。それを丸ごと移すというのであるからダム建設にともなう移転と同じような規模である。移住先の土地は王家の谷から8kmほどナイル河寄りに下ったところで、考古学庁はそこに20haの土地を確保した。灌漑用の水路が来ていて、農業集落としては最適な場所である。問題はそこからであった。

ハッサン・ファトヒはエジプトのモダニズムを代表する建築家である。日本でいえば、坂倉準三や前川國男、あるいはブラジリアの都市計画者ルシオ・コスタらと同世代で、20世紀の新しい建築の設計方法論を身につけた人間であった。しかし、白いコンクリートの箱のイメージで語られるモダニズム建築とは一線を画し、エジプトの風土に根差した伝統的な建築に着目して、中庭やドーム、ヴォールトといった空間言語を用いた地域主義的な方法を採っていた。暑いエジプトではそのような空間の方が室内に風の流れを引き起こし居心地もよい。そういうことを素直に発想して、それまでに多くの住宅を手掛けてきた。考古学庁の幹部は、ヨーロッパの事情に強く、エジプトの伝統文化に造詣の深いファトヒに好感をもち、ルクソールらしいデザインを彼に求めたのである。

その意向を受けたファトヒは上エジプトの伝統構法たる日乾煉瓦の建築に着目した。泥煉瓦（マッド・ブリック）とも呼ばれ、スペイン語圏ではアドベの名で親しまれているが、これはアラビア語で煉瓦を意味する「アル・トゥブ」が転じたものである。ヨーロッパでも中国でも、煉瓦は粘土を固め、高温の窯で焼いてつくった焼成煉瓦が一般的である。焼くことによって化学変化が起き、強度が増すとともに、耐水性も高くなる。つまり、水に濡れても溶けたり崩れたりしない。煉瓦のかたちは直方体で、手前の短い面を小口、横長の面を長手と呼び、この小口と長手を互い違いにしながら組み上げていく。接合のため、間に漆喰やモルタルなどの目地材を入れる。石と違って片手で摑《つか》んで持ち上げることができ、施工性がよいのが特徴である。日乾煉瓦も形態的には同じだが、違いはその名からもわかるように、成形された粘土を太陽熱によってのみ固めたところにある。それゆえ耐水性は低い。しかし、上エジプトのようにその昔から雨が降らず強烈な陽光が降り注ぎ、しかも薪になる木材資源がない土地柄では、降雨を心配する必要がないので、手軽にできる材料として、古代から延々とつくり続けられてきた。ただ、日乾煉瓦をそのまま露出させておくと乾燥した空気で徐々に風化していくので、完成後、表面に漆喰なり泥なりを塗って保護をするのが普通である。そうすれば多少の雨が降っても問題はない。

建造物をつくるには、煉瓦を何万個も何十万個も組み合わせて積み上げていくので、煉瓦の大きさが正確に整っていることが必要条件である。小口・長手を直角に交差させて組み合わせるので、その長さは正確に1対2でなければならない。ということで、成形にあたって木型を用いるのが一般的である。その中に若干の砂を混ぜた粘土を圧縮して詰め、それを取り出して天日で何日間も乾かす。粘土と砂だけでは粘着性が弱いので、苆《すさ》（細かく切断した藁の類）を混ぜる。これには保水効果もあるので、乾燥が急激に進んでひびが入らないようにするための役割もある。最近では、セメントを少量混ぜて繋ぎ材の役割をさせることも少なくない。エジプトやイエメンの慣れた職人なら1分間に3個も4個もつくることができ、1日で2000個程度をこなす。

ブルキナ・ファソでの日乾煉瓦の製造

日乾煉瓦にとっての一番の敵は雨であるが、上エジプトのように雨が降らない地域では、地下からの浸透水が大敵となる。毛管現象によって地下の水が上に伝わり、空気が乾燥しているがゆえに蒸留が促進されて大量の塩を析出する。塩の成分であるナトリウムが煉瓦に含まれるカルシウムと反応して体積膨張が繰り返され、固まっていた素材がボロボロになって崩壊を始めるので、要注意である。特にナイル河流域では灌漑用に水がふんだんに流れており、その水が地下を経由して伝わってくるので、水切りには注意しなければならない。

ファトヒは自身の作品にヴォールトやドームを多用した。石や煉瓦で屋根をつくるときの基本構造である。建築史の教科書では、これらの架構はローマ建築の特許のように語られることが多いが、実際はエジプトやシリアを含めて地中海地域全体に広く分布している。組積造を旨とする限り、石や煉瓦といった小さな素材を大量に組み合わせて天井をつくらなければならないという宿命を負っているので、必然的にこれらの構造が発展したと見るべきだろう。ただ、古代エジプト、つまりファラオの時代にはこの種の架構は登場せず、後のコプトの時代、つまり紀元後のキリスト教時代になってようやく一般的になっている。ローマ世界の中でいろいろなかたちで技術の伝搬があったのだろう。多くのコプトの教会建築がヴォールトとドームでつくられている。しかも時代を追って中世を迎えるようになると、ビザンチン風の大ドームをつくる施工体制が組めなくなったのか、コプト建築は縮小化の過程を辿り、日乾煉瓦を巧みに組み合わせてできた小ドームを並べて反復型の空間をつくるようになる。大規模な施工体制を敷かなくても、職人ひとりでドームを施工できるのが特徴である。ファトヒが着目したのはこのやり方であった。

１９４１年にアスワンを訪れた彼は、一帯のコプト建築を調べ、特に廃墟になっていたアンバ・ハドラ修道院の薄いヴォールトに着目した。上エジプトでは比較的後期に成立したコプト修道院で、アスワンのナイル対岸を砂漠に入ったところに立地している[25]。その施工法をカイロに戻って実験し、実用化をはかる。コプトの後に成立したイスラーム建築もドームを多用するが、聖者廟や墓に用いられ、普通の民家では用いない。だから、キリスト教徒であればドームは神聖さの象徴であるが、イスラーム教徒にとっては墓地のしるしに映るようだ。後に彼が住民から「墓の中で暮らすのか」と非難されたのは、このためである。

住民参加で住居をつくる

「クルナ・エル・ジャディーダ」つまりニュー・クルナ村の計画にあたってもう一点注目すべきは、そのプランニング・システムそのものであろう。「自然界に同形のものはひとつとしてない」という彼の言葉に示されるように、そこに計画される住居はそれぞれ異なった平面や空間を採用していた。移住するクルナの村民にヒヤリングを繰り返し、彼らが求めるもの、好むものを反映させて住居のかたちを決めていくのである。1960年代になってクリストファー・アレグザンダーが個々のニーズに即した形態や空間を組み合わせの問題として解く「パタン・ランゲージ」という方法を提案したが、その先取りと見なすことも可能である。コプトの僧院やイスラームの墓廟では、ドームの反復というかたちで同一形式が繰り返されていたが、ここではそのドームの構法を取り入れながらも、プランニングとして、従来住んでいたクルナの村でのあり方を反映させ、住宅も異なった形態、異なった面積となるように工夫した。今ならコンピュータで処理できるが、結構手間暇がかかる面倒なやり方である。ただ、彼のデザイン法として特徴的なのは、まずもって外形を一定の幾何学にのっとって整え、その後、内部をさまざまな変数を用いながら分割していく手法である。言い換えれば、正方形や長方形、あるいはその組み合わせで建築の外の輪郭を決めた後、内側に適宜中庭を配して、それに向かって住戸を並べていくやり方で、イスラーム世界特有の考え方ではあるが、中庭が単純な正方形や長方形にならず、大小が連続し、それに応じて個々の異なった住戸が複雑に入り込んでいるところがユニークなのである。外は単純、内は複雑ということで、経験知だけでそれを行いえたのは、相当の腕力がある証拠である。

だいぶ後の話であるが、1970年になって彼は「クルナ・エル・ジャディーダ」の経験をもとに『人々とともに建築する』と題された著書をフランスで出版する。住民の考えを拾い、住民が建設活動に参加することによって新しい村ができる、というニュアンスである。その内容は、上

上エジプトにおける中世のコプト修道院として名高いアンバ・ハドラ修道院
エジプト、アスワン対岸　©Takeshi Taira

エジプトとの出会いから始まって、当地の人々の暮らし、そこに伝わる伝統的な住宅、日乾煉瓦への着目、そしてそれにもとづく新たな農村計画、といった展開である。この出版の成功を受けて、その3年後に今度はアメリカから英語版を出版する。その際、タイトルが大きく変わり、その名もずばり『貧しい者のための建築』となった[26]。英語だということも手伝って、世界の建築界で絶賛される。その当時、モダニズム一辺倒の風潮に対する批判がもち上がり、地域性の再評価、さらには開発途上国支援といった問題が提起されていたこともあり、その文脈に沿ったアレンジのされ方でもあった。実際に本を読んでみると、貧困問題というよりは、資源のない乾燥地域においていかに適正技術を開発し、住民たちが参加できる農村計画がつくれないか、というところに問題意識が集約されており、それをやや強引に「貧者」の方に引きつけてアピールを狙うアングロサクソン的バイアスがかかっていることが一目瞭然である。ただ、そこで得た国際的名声によってファトヒはエジプトを代表する建築家として認知され、国内でも不動の地位を獲得するので、この種の国際的メッセージの発信が、たとえ政治的ニュアンスを含んでいようとも、いかに重要であるかは理解できる。

実際のところ、クルナの実験は、最初から村人の参加を前提としていた。第1段階として、設計プロセスに対する参加、つまり住戸や施設に対する希望や問題点の指摘をヒヤリングによって反映させ、住民と設計者の「顔の見える関係」を構築する。次の段階は、できあがった設計図にもとづいて、施工そのものに住民が参加する。ファトヒが実験を繰り返した後に開発した日乾煉瓦構法は、「2人の人間で施工できる家」をモットーに、実際それを可能にした。上エジプト（ファトヒはそれをヌビアと呼ぶ）の日乾煉瓦の住宅は、農民たちが自分で建てるのがあたり前であり、ファトヒはそれにドームやヴォールトなどの新しい空間言語をプラスしたが、それも十分住民が施工可能である。ファトヒが描いた展望では、こうしてできた新しい農村「クルナ・エル・ジャディーダ」が移住した住民たちによって運営され、彼らみずから発展計画を練っていくとされた。それが第3段階となる。当初の計画では、20haの土地に、計画人口2万人の村ができる予定で、そのための用地も最初から確保していた。

ファトヒの立場は、今流にいうなら、「クルナ・エル・ジャディーダ」のマスター・アーキテクトであり、個々の設計コンサルタントであった。公共施設と広場的な空間が大きな意味をもつ。学校、集会所、野外劇場、市場（スーク）そしてモスク。村の中心には不整形の広場があって、そこから道路が曲がりくねりながら連なっていく。地区の構成は、旧クルナ村の部族構成を反映させ、それによって大きく4つの区画を分け、それまでの族長や家長による支配の構造は続けられることとなった。村の経済は農業にあり、村の周りには耕作地が用意されている。しかし、これでは収入が限られるので、陶器などの工芸品を制作し、それを観光客に売ることで新たな収入源を確保する。従って、工房も村のあちこちに設けられた。まさに理想主義的な「新しい村」構想であるが、その施設構成に、どこか欧米人が好んだギリシア的な共同体のイメージが重ねられているのは間違いない。モダニズムの洗礼を受けた建築家であれば、一度は通る道なのである。それが欧米人の心を捉えたのは事実で、ヨーロッパ人の建築界では、これを世界遺産にもなった18世紀のフランスの建築家ルドゥーの「ショーの製塩工場」に比し、20世紀のエジプトに出現した理想の農村集合体と位置づけ、その保存修復を強く訴えている。[27]

未完のプロジェクトに終わる

しかし、現実はファトヒの目論見とはまったく別の方向に動いていった。「新しい村」に移るべきは、農民とはいっても盗掘を生業としていた集団であり、圧倒的に経済優先の価値観を有していた。レアメタルの鉱山で働いていた人間を、突然、農業集落に移して、そこで自活せよ、といっているようなものであるから、当然抵抗は大きい。しかも、彼らが依拠しているのはインフォーマルな経済である。今日の開発途上国論では、定職に就くことができず、街頭の物売りや店の手伝いなどでその日暮らしをしている人たちの就業形態を総称して「インフォーマル・セクター」と呼び、貧困の温床と捉えることが多いが、そうした人たちにとってはどこに住むかによって就業機会がまったく異なってくる。クルナ村の人々は、盗掘はさておいても、日常的には街角で観

ハッサン・ファトヒ「クルナ・エル・ジャディーダの集合住宅」1946−48　ルクソール近郊

ハッサン・ファトヒ「クルナ・エル・ジャディーダの野外劇場」1946−48　ルクソール近郊

光客相手にお土産品や模造品の販売を行っていたわけで、まさにその日暮らしの経済に生きていた。移住先が観光客の集まる王家の谷まで8kmも離れているのでは、自分たちの仕事があがったりとなって、とても受け入れられるものではない、ということになる。

　そんなことで、計画が進めば進むほど、クルナ村の住人たちの反対意見が強くなってきた。本来、このリセトルメントは考古学庁の遺跡整備計画の一環として進められてきたものであるから、住民の移転に関する手続きは国の考古学庁の指示によって地方自治体が行うものとされたが、王家の谷の利権に大なり小なり関係している末端の官吏たちにとってはあまり気乗りのしない事業である。ただでさえ煩雑な手続きが滞りがちとなるのは、地元の空気を見ていればよくわかる。それでも計画が承認されて実際の建築工事が始まると、ファトヒの指示によって村の人間が駆り出されることになる。給金は出るので、収入が限られている人たちにとってそれ自体はありがたい話であるが、工事が速く進み過ぎては、自分たちの首を絞めることになる。ということで、何かと理由をつけてはサボタージュを行い、特に外から専門業者が入ってきたときには、徹底的にその職人をいじめる。資材置き場からの横流しは日常茶飯事である。利権調整のために部族社会の掟を適用してよそ者を排除し、役人には折につけ族長から賄賂を流して、工事の進展を妨害する。

　こうした現象は今でも中東諸国で頻繁に起きている。外から入った工事担当者はこのような地元の妨害に大いに泣かされるが、大抵の場合、地元の役所が是々非々の姿勢のまま動かず、プロジェクトの担当者に部族社会を直接交渉で動かす腕力がない場合は、計画が頓挫することも珍しくない。カイロの知識人であるファトヒの場合は、文化や風習の違う地元とのギャップに相当苦労したようだが、ともかく公共施設の完成には漕ぎ着けた。加えてその周囲にある程度の住宅を建設したのであるが、その段階で村人のサボタージュはますますひどくなる。中断を繰り返しているうちに、役所もまったく機能しなくなり、うやむやのままに工事中断の憂き目に遭う。実際の工事期間は1946年から48年までの2年間に過ぎない。

ファトヒにとっては最初の公共プロジェクトで相当の気合の入れ方であったが、それが裏目に出て、プロジェクトは未完のまま終了してしまうことになった。それでクルナ村の住民が新しい村に移ったかというと、実際はまったく逆で、これ幸いと、誰も移住をしなかった。つまり、「クルナ・エル・ジャディーダ」は未完の計画としてそのまま放置されてしまったのである。考古学庁としては、古いクルナ村に住み続ける彼らの存在は不法占拠がそのまま続いているということで、遺跡保護を名目になんとか排除しようとしたが、特効薬があるわけではなく、その後時間をかけて移転を促す戦術に路線変更した。最後の住民が強制退去によって排除されたのは工事中断から半世紀以上を経た2006年のことである。

1960年代に入って、クルナの挫折を挽回すべく、ファトヒは新たなリセトルメント計画に取りかかる。エジプト南部のハルガ・オアシスの南バーリースに水源が発見され、灌漑によって

４００haにおよぶ農業地の造成が可能となった。２５０世帯をここに移し、その半数は農民、残り半数は商業などに携わるというもので、事業主体は砂漠開発庁であった。ここでは入植者は各地から集められるということで、クルナのようにある村がそのまま移動するということではない。従って設計はむしろ標準設計的な手法を用い「人口、地理、気候を調査して、そこから私の知らない人々のためにコミュニティを創造する」ことに専念した。このバーリースには、３世紀末に建設された世界でもっとも古いキリスト教会の遺跡があり、さらに多くのコプトの修道院の遺跡が残っている。すべて日乾煉瓦造であり、ファトヒにとってはさらなる構法研究が可能となった。クルナよりもはるかに密度の高い「農村住宅地」が姿を現したが、残念ながら１９６７年の六日戦争のために工事は中断し、これまた未完の状態で残されている。『貧しい者のための建築』は、この後すぐに執筆されたもので、新しい理念に燃えて手掛けた計画を中断せざるを得ないという状況の中で、彼の苦渋の念が滲み出た著作である。

ハッサン・ファトヒ「バーリースの農村住宅地」1967 エジプト、ハルガ・オアシス

極地に建つ究極のプレファブ建築　昭和基地の南極観測基地

寒冷であること

地球上で人間が生活を営むもっとも寒い土地は、ロシア連邦のサハ共和国であるという。チュルク系のサハ人の故郷で、ダイヤモンドを産出するため大変豊かな国であるのは間違いないが、ともかく寒く国中が永久凍土で覆われている。東洋系だということもあって日本とは大変よい関係にあり、貿易も盛んになりつつあるようだ。この国の寒さについてはテレビや雑誌などでもしばしば紹介され、それが売りになっている面もあるかもしれないが、首都であるヤクーツクの1月の平均気温がマイナス39・5℃であって、寒さがあたり前のロシア人ですら音を上げるらしい。このヤクーツクよりも気温が低く、世界でもっとも寒いところはというと、同じサハ共和国内のヴェルホヤンスクとオイミャコンが競っている。前者は人口1500人ほどの町で、行政区分としても市（ゴロド）となっているので「世界で一番寒い町」との公式宣言を出せる立場にある。1月の平均最高気温がマイナス45・9℃、1892年にマイナス68℃を観測したのが最低とされる。

後者の場合は1月の平均気温がマイナス46・0℃なので僅差で迫り勝っているが、人口500人ほどでしかも行政上の扱いが村（セロ）なので、マイナー感がつきまとう。ちなみに過去最低気温はマイナス71・2℃（1926）であった。

寒さに慣れた国民というとやはりロシア人ということになるだろう。マイナス20℃や30℃は日常生活のうちであるが、それでもマイナス40℃を下るようになると、さすがの彼らも慌て始めるようだ。現在のロシアの町はどこでも集中暖房が完備していて、真冬になっても家の中はぽかぽかしており、Tシャツで過ごせる暖かさである。しかし、外気温が異常に下がってくると、このシステムが万が一ダウンするときに備えて非常事態への準備に取りかからなければならない。実際、ソ連時代の老朽化したパイプラインの故障はしばしば起こるので、それなりのリスク管理が必要なのである。たとえ集中暖房が整っていても昔ながらのペチカを残しておいて、いざという場合にはこちらに切り替え、さらに毛皮を着込んで暖を取る。だから十分な燃料と衣料を用意しておかなければならない。このペチカがついていない最近の集合住宅は悲惨で、そういう場合は暖房が動いている地域へ全住民が緊急避難して対処するというのがマニュアルとなっていると聞く。

ロシアの伝統的な住宅は、当然ながら寒冷地対応の建築となっている。断熱性能がよく、室温を逃がさない仕組みとなり、暖房が行き届き、それも二重三重の備えとなっている。構法的には丸太組が一般的である。いわゆる「ログハウス」である。木材の樹皮を剝いで丸太状に大きさを整え、その下側に切れ目を入れて凹みをつけ、上下に重ねていく。矩形《くけい》の平面を基本形となしているので、直交して隣り合う壁を、丸太を互い違いに重ねることで接合し、構造的な強度をもたせる。隙間を埋めるために木の間には苔や土を詰め、床下と天井上には石炭ガラや土を盛って断熱効果を上げる。丸太の壁の外側に下見板《したみいた》を張るのが普通だが、これは住宅を装飾的に仕上げるだけでなく、下見板と壁の丸太の間に空気層をつくって熱伝導を防ぐ役割も併せもつ。ごく単純なつくりであるが、断熱効果のある床壁天井に囲まれているので、室内の温熱環境は大変優れている。農村のものは平屋で50m^2くらいが標準であるが、都市型になると規模がずっと大きくなり、2階建ても普通につくられている。

この室内空間を暖めるのがペチカである。ロシアの家庭生活を語る上で欠かせない舞台装置で、つまるところストーブである。ただ、我々が思い描くストーブと違うのは、家の真ん中に大きな窯のように構えており、そこにそれぞれの間仕切壁がぶつかるようになっている点である。それによってペチカのそれぞれの面が各部屋に露出することになり、熱を万遍なく家の中に回らせる。炉の中に煉瓦が組まれていて蓄熱効果があり、火を落としても5〜6時間くらいは暖かい。こういう家に住んでいれば、日本の木造家屋のように底冷えすることもなく、快適な冬の生活ができるということだ。

日本の木造建築といえば、長い歴史を通して世界一精緻な技術をつくり上げ、社寺建築や数寄屋の領域で世界に誇る名作を生み出してきたが、こと寒さに対しては無防備であった。法隆寺であろうと桂離宮であろうと、冬は本当に寒い。昔から日本の大工たちはロシアや北欧の丸太組の住宅を眼にして、「何のディテールもない単純そのままの建築」と馬鹿にしていたものだが、寒冷地での住まいという点から見ると、評価はまったく逆なのである。

毛皮が暖を取る最良の手段

日本人が寒さに弱く、また寒さに対する備えを軽視してきたことは、ロシアと比較をしてみれば、よくわかる。ロシア人のシベリア進出の速度はきわめて速い。江戸時代初めの1630年代にはヤクーツクに到達しているのである。コサック軍団がウラル山脈を越えて「シベリア」の語源になるシビル汗国に侵攻を始めてから半世紀で4000kmを走り抜け、その間の土地をロシアの領土に組み入れていくのであるから大変な速度である。オホーツク海に達するのはそれから4年、ベーリング海には15年ということで、1650年代、つまり徳川家光が鎖国を命じた頃、日本の北は既にロシアの制するところとなっていた。ベーリング海を越えてアラスカにまで進出したのは18世紀末のエカチェリーナ2世の時代であり、イワン雷帝がモスクワ公国の基礎を固めてから僅か2世紀で1万kmを超える広大な地域を手に入れているのである。その間、日本は鎖国政策もあって列島に閉じこもり、北方といっても蝦夷《えぞ》地つまり今の北海道をようやく版図に組み入れた程度である。鎖国という政策上の問題もあったのであろうが、寒冷地でのモビリティが著しく低かったことが第一の理由に思えて仕方ない。当時の日本の国土概念は、石高制、つまり米の生産量による土地支配をベースとしており、稲作が可能な土地があって初めて成り立つものであった。米作のできない蝦夷地は特別枠で、松前藩にアイヌとの交易権を独占的に与えていたが、領国という意識は希薄であった。

逆にロシア人にとってのシベリアの広がりは、まったく別のフロンティアを意味するもので、夏は森林、冬は雪原となった巨大な地域はさながら海洋のごとく、野心ある人々に多大の機会を与えるものであった。冬の河川や泥道が凍結した季節こそ橇《そり》を使って物品をもっとも速く運ぶことのできる時季であり、大量の人とものが冬期に往来していた。しかも、その経済のベースは作物ではなく毛皮である。シベリアから極東にかけて入植したコサックたちは、ヨーロッパの市場に送るべく先住民を使ってキツネやテン、さらにはラッコやオットセイまでをも狩猟の対象となし、それを取引業者に売って毛皮交易を行っていた。この「毛皮の道」こそが、既に機能しなくなっていた中央アジア経由のシルクロードに代わって中国からヨーロッパに抜ける東西交易を成り立たせ、19世紀に入った頃には世界経済を動かすまでに成長していた。たとえ極寒の地であっても、各地に集落が生み出され、商館や取引所が林立したのである。イルクーツクがその中心地となり、オホーツクやカムチャッカ、アラスカ、さらには南の中国への進出拠点として大きな市街地を形成しつつあった。

日本人にとっての毛皮はもっぱら高級品のイメージで、それが本来防寒用であったという事実はあまり重視されていない。しかし、石炭が暖房用のエネルギーとなる19世紀半ば以前、ヨーロッパの一般家庭の室内はきわめて寒く、それなりの防寒具が必要だった。ヨーロッパの石造の建築が冬になるといかに寒くなるかを体験していれば、そのあたりがわかるだろう。だから、毛皮は飛ぶように売れ、ラッコのように綿毛が密生して保温効果が抜群によいものは特に高い値段がついた[28]。殺生を好まず、獣を忌諱《きい》した昔の日本人には理解ができないが、毛皮は肉食とともにヨーロッパ人にとってはごく普通の日常生活の一部だったのである。ロシアのように寒いところでは冬期の毛皮のコート、帽子や靴はあたり前であり、橇の内装やマットにも使われた。日本人にはそのようなノウハウがなく、せいぜい蓑《みの》や藁沓《わらぐつ》で防寒をする程度であったから、ロシアとは較べ物にならない。蝦夷地の冬は各地の番所で越冬し、それでも寒波が襲うと凍死者が出ていたようで、和人には耐えがたい過酷な気候の地であった。こうした寒さに対する防備のなさは、明治に入っても続き、日清戦争で兵卒や軍夫に多数の凍死者を出すという近代軍ではありえないような損失を被ったのも、ひとえに寒冷地での戦いに対する知識と経験がなかったことに起因する。その反省を踏まえ寒冷地研究の目的で試みられた「八甲田山雪中行軍」（1902）では、全滅に近い遭難事件を引き起こす有様だった。

日本にもロシアの住宅を

当時のシベリアの町は、建築だけではなく、道路もすべて木造であった。木造のクレムリン（城塞）をつくり、教会を建て、住宅を配置する。どれも基本は丸太組であり、丸太をさながら煉瓦や石材のように用いて、身の回りの環境をつくり上げていくのである。ヤクーツクのように永久凍土の町は、木杭を地中深く打ち込んで、その上高くに建造物を載せ、雪解けによる不等沈下を防止した。アジアの寒冷地、たとえば朝鮮半島や満州（現在の中国東北地方）ではオンドルが一般的で、効果的な床暖房である。それに対して丸太組系のロシアや北欧はストーブ（ペチカ）を室内の中心に据え、それによる対流と輻射熱で暖を取った。雪で濡れた衣類もそこにかけておくだけですぐ乾き、実に効率的なシステムである。

意外と知られていないことだが、日本でも北海道開拓にあたってこうしたロシアの住居を採り入れようとの動きがあった。北海道に入植する屯田兵の住居としてである。屯田兵の制度は開拓使長官黒田清隆の発案で１８７４年よりスタートしたもので、東北方面の窮乏した士族を入植させて、通常時は農作業、有事は兵として軍役に就かせることによって農村経営と軍事力確保の双方をはかることが企図された。戦略的に重要とされた石狩一帯がその対象となり、兵村の計画が進められることになる。そのモデルはコサックにあり、北方開拓にあたって先兵となることが期待されていた。もっとも、コサックは武装農民が半独立化した集団で、なかば傭兵のようになってみずからの意志でシベリア開拓に乗り出していったところが明治の屯田兵とは異なっている。それでもコサックの住まいは大いに参考になる。屯田兵の入植が進み、そこで建設すべき住宅をどのような仕様にするかは議論が分かれたが、ロシア視察組から丸太組住宅のメリットが提議され、その結果がロシアからの技術導入であった。

西南戦争後の１８７８年になって黒田はウラジオストック、樺太と相次いで足を運ぶことになるが、そこでロシア式の住居のよさを感じとり、樺太で3名のロシア人職人を雇い入れた。それぞれ大工、馬橇《ばそり》製造職人、ペチカ製造職人である。彼らは1年から2年間にわたって北海道に滞在して、住宅建設や橇の製造にあたった。場所は現在の江別市で、「篠津屯田兵村」がロシア仕様で建設となった[29]。その一方でアメリカからの技術導入もあり、「少年よ、大志を抱け」で名高いクラークの指導で、同じ江別にアメリカ西部のログハウスをモデルとした「江別太屯田兵村」ができあがる。本来ならば中隊単位で１００戸以上の兵村であるべきであったが、実際は前者が10戸、後者が19戸で、分隊の規模に留まり、実験住宅によるパイロット・プロジェクトの域を出なかった。

明治維新直後にはフランス式の兵制と兵装を大胆に採り入れた陸軍であったが、前年の西南戦争で税収のほとんどすべてを戦費に使い果たし、おそるおそる始めた建設プログラムであったのが災いした。開発コストは一般に高くつくものであるが、ここでも日本の仕様にはない建築をゼロからつくるということで、建設費は従来の日本家屋の4倍から6倍に跳ね上がってしまった。この時点で、財源なしということで計画は打ち止めとなる。貧乏所帯の明治政府としては、北方開拓のために予算を上乗せして寒冷地用住宅をつくり続ける余裕などまったくなかったのである。

以後の屯田兵は、当初と同じく、吹きさらしの日本家屋に住むことになり、それがその後の北海道住宅の基本となった。寒い冬は家にこもってひたすら耐え忍ぶという東北型の生活スタイルとなるわけだが、入植者の出身地が東北や越後などであったため、さほどの抵抗感はなかったようだ。かくしてロシア式の住宅は日本に根づかなかったが、その際に導入された馬橇は大変評判がよく、日本人の職工によって技術が継承され、やがて北海道一円で用いられるごく普通の馬橇となっていく。それ以前の日本には橇というもの自体が存在していなかったのである。

現在の北海道の住宅は、デザインはともかくとして、冬期は大変暖かい。断熱性がよく保温性が高いのである。このような寒冷地仕様が徹底されるようになったのはごく最近の話で、1970年代以降になってからである。屯田兵の住宅から1世紀近くを待たなければならなかった。それを可能にしたのが、グラスウールなどの断熱材の普及であり、それに見合った構法、特にパネル式の構法が一般化してきた点である。戦後に始まった合板技術の進歩が、従来の軸組（柱や根太《ねだ》など）

屯田兵のロシア式兵屋 1878　北海道江別

を覆うパネルの製作を可能とし、さらには枠組パネルのみによる箱型の構造を登場させ、断熱性と気密性を一気に上げるようになった。要は限りなくプレファブリケーションの世界に近づいたのであり、従来の住宅の仕様から見ると大幅な技術革新である。プレファブリケーション自体は、先のプルーヴェの例が示すように第2次大戦以前から始まっているが、我が国では戦後になって合板技術を介してその研究が始まり、在来の軸組造《じくぐみぞう》に代わる新しい構造概念を生み出すようになってきた。その直接のきっかけになったのが、南極における観測施設の建設であり、寒さに弱い日本の家屋のあり方を変えた技術の転換であった。

南極での限界設計

南極は人類にとって最後の未開地であった。陸地の3分の2が北半球にあるせいか、南半球が寒冷地をともなうというイメージはあまりなく、実際、シベリアのような土地は存在しない。つまり、人の住める寒い土地はないということである。そのはるかかなたに広がる南極は雪原で覆われた無人の大陸で、面積はオーストラリアよりも大きいが長らく人類未踏の地であった。しかも20世紀の半ばに到るまで、その正確な地図すらもできていなかった。寒さが人間を拒んできたのである。この南極大陸を科学的に調査観測し、人類の用に供するようにしようという動きが出てきたのは、今から半世紀前、第2次大戦後の1950年代に入ってからである。領土的野心をもった国もいくつか見られたが、大戦後の国際協調の動きの中で、大陸自体を国際共同管轄となすことが決議され、1960年の南極条約に到り着く。

この条約に先立って南極観測を国際協調で行うことになったのは、冷戦が始まり東西陣営の微妙な駆け引きが続く中で、地球規模の研究が必要な地球物理や宇宙科学の国際ルールをつくることが求められたからである。大義名分としては、太陽の磁気が地球に与える影響を各国が分担して観測し、地球の未来に関わる問題を国際的に解決するということにあったが、その背後では衛星技術をめぐる熾烈な競争が始まり、産業界でも先端領域のノウハウの移転に関係してさまざまなエージェントが暗躍していた。それでも1957年を国際地球観測年となすことが提唱され、電離層や海洋の観測がまがりなりにも行われるようになったのは、危機を回避しようとの意識が各国で共有されたからである。南極は気象現象を解明する上での宝庫とされ、観測年となった1957年から翌年にかけて南極に観測隊を派遣して大規模な観測が実施されることが決まった。南極観測の実績を有する12か国が手を挙げ、南極各地に観測基地を設営することとなる。敗戦からの復興に追われる日本も参加を表明する。かつて白瀬《しらせ》探検隊を送った国としての矜持《きょうじ》を保ち、さらに国際舞台に復帰する重要なイベントとしてこの地球観測年を位置づけたのである。

観測隊を運ぶのは海軍特務砕氷艦を改装した観測船「宗谷」で、観測隊員53名が搭乗する。観測基地の設営地点は、南アフリカの真南となる東オングル島（プリンス・ハラルド海岸）となったが、日本からは結構離れている。これは、第2次大戦で日本に痛めつけられた一部の国々が日本の参加に反対したこともあって、交渉に手間取り、最終的に財源不足で参加を諦めたノルウェーの観測予定地域を譲り受けたという経緯があるためである。それが決まったのが1955年の9月で、出航予定日まで1年少々を残すだけであった。気象観測には通年の作業が必要である。それを行うのが越冬隊員で、11名が選ばれた。観測基地は、これらの隊員が居住し観測作業を行えるものでなければならない。問題はどのような居住施設を建てるかである。日本ではそれまでこのような寒冷地用施設の開発経験など皆無であった。ロシア革命時のシベリア出兵にあたって陸軍で研究が行われたことは知られているが、結果的に新しい居住モデルがつくられることにはならなかったので、ゼロからの開発を行わなければならない。そこで全体構想を練る学術会議から建築学会にその開発依頼が下り、年末になって有識者たちが集められた。建築学者、建築家や技術者、それに建設業の企業人たちが集まる日本でも有数の学会ではあるが、半年でこの課題をこなすというのは大変な仕事である。特別委員会が組織され、南極施設の開発が突貫工事で進められることになった。

開発の中心となったのは丹下健三の右腕として活躍してきた浅田孝《たかし》（1921〜91）である。早世したためにあまり知られていないが、丹下健三が世界的建築家に上り詰めていく過程でさまざまなコーディネーター役をこなし、日本の近代建築のフィクサー的な役割を担った人物である。彼が打ち上げた方向は複雑系を避け、ミニマリズムに徹するというものであった。材料は日本から運んでいく以外に手はないので、当然プレファブリケーションとせざるをえないが、それに加えて、高い断熱性、2週間ほどの限られた工期、少人数の隊員で組み立て可能な施工の容易度、越冬隊員が1年を過ごしうる居住環境といった点をクリアしなければならない。こうした設計与件を整理して、全体のシステムづくりを行う。浅田本人の弁では「地の果てで誰も見ることのない建築だからやりたい放題やった」ということであるが、海軍の技術将校として飛行場づくりを行った経験がこの場面で生きた。日本の工場で建材に高い精度を保証しうるのはやはり木質系の技術で、ならば基本は木質パネルのプレファブ構法を開発するのが最良かつ最短の道である。木は断熱性能もよいので、木板の間に厚い断熱材を入れ込んだ特殊パネルをつくれば、温熱環境的にも高い性能を得られるだろう。こうして、合板技術を駆使したパネルによる構造システムが整えられていった。

竹中工務店の努力

浅田孝が行ったのは基本システムの策定である。基本計画といってもよい。実際の構造強度などをはかりながら各部位の材料や詳細、仕上げ、さらには接合の仕方などを決める実施設計は竹中工務店が行うことになった。織田信長の時代から続く宮大工を母体としたゼネコンであり、木質系の高い技術をもち合わせていた。契約上は委員会から竹中が受注したかたちとなっているが、そのプロセスを詳しく見ると、当初から開発に深く関わっていたことが理解できる。そもそも日本政府が国際地球観測年への参加表明を行った背景には朝日新聞の強い働きかけがあり、新聞社の側から一種の国民運動として南極観測が提唱され、それに政府が乗ったといってもよい。昭和の初めに英国国王ジョージ6世の戴冠式を祝って企画された神風号によるロンドン往復記念飛行を思わせるような動き方である。政府が正式に観測隊派遣を決定した後、朝日新聞はさっそく北海道での寒冷地実験を提唱し、産業界の寄付を集めて極地用の実験棟の建設に取り組んだ。戦後間もない頃の政府はまだまだ資金が足りず、民間からの拠出に頼らなければならない状況にあって、新聞社がそのプロモーターの役割を果たしていたのである。朝日の呼びかけに応じてこの実験棟の設計施工を担当したのが竹中工務店であった。まだ建築学会が動き始める前の話である。

冬期実験は、網走に近い土地を選び、1956年1月、つまり冬のもっとも寒い時期に居住棟や観測小屋等を建て、そこから建設上の不具合や居住環境としての適合性をチェックするというかたちで実施された。この時点で試みられた設計方式は、鋼管と鉄骨で構造体をつくって、それに断熱パネルをはめ込むかたちとなっていた。パネルのサイズは4尺×8尺（当時の建設業界はま

南極越冬隊観測小屋の建設風景 1956–57 © 竹中工務店

だ尺貫法が一般的だった）と指定され、４尺ピッチで鉄パイプ（鋼管）を建てて、その間にパネルをはめ込んでいく。屋根は山形となって鉄パイプの横架材（トラス）で構成され、正面に鉄骨の破風《はふ》を置く。明らかにプルーヴェを意識しているが、中程に構造体を置くのではなく、周囲を鋼管の軸組で固め、トラスを架けているのは日本の在来工法の発想にこだわったからだろう。風圧に耐えるように両サイドには斜材が取りつけられている。

鋼管は構造材としては比較的軽く強度が出るので、この種の建造物には向いている。しかし、寒冷地ということを考えると、デメリットも少なくない。熱伝導率が高いために外と内との間で熱が伝わるヒートブリッジ現象を起こしやすい。室内の熱がそのまま屋外に逃げてしまうということである。また、施工にあたって、ジョイント部が複雑になって組み立てが面倒になる。特に屋根部分のトラスの納まりが難しい。さらに鉄パイプと木パネルとの接合に際して、気密性をどう上げるかが大きな課題となった。隙間をどう埋めるかが意外と難しいのである。コーキング材（詰め物）でそれを処理しようとしたが、寒さのために固まってしまうなど、問題が続出し、接合部のデザインを根本から変える必要に迫られた。

南極の観測施設が、建築学会によって、鉄パイプ方式ではなく、木質パネルによるボックス型の構造に変更されたのは、この実験で期待された成果が得られなかったからである。構造（鋼管）と外被（木パネル）を分離するよりも、木パネル自体に構造強度をもたせて、それを構造にする

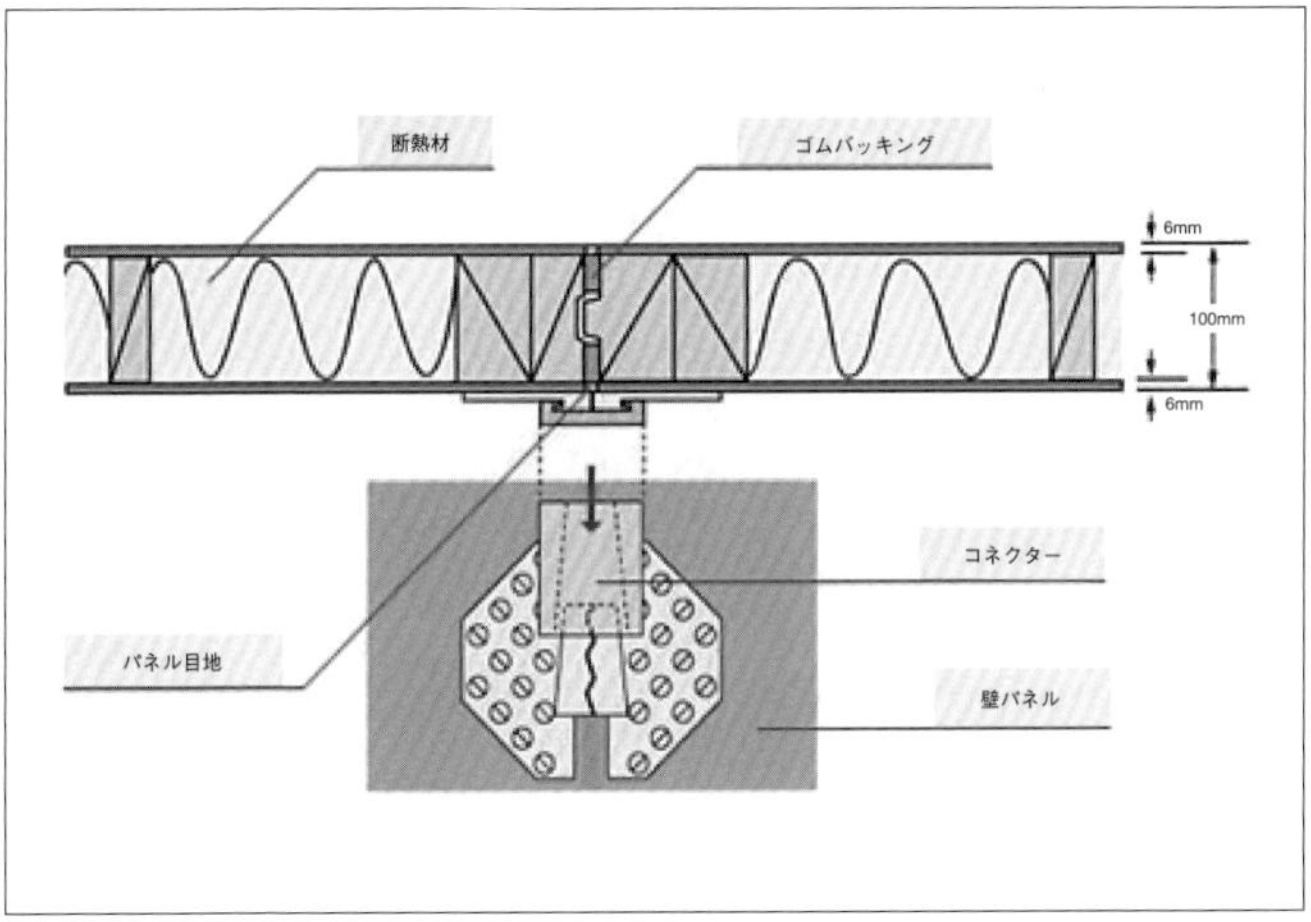

南極越冬隊観測小屋のジョイント・システム　© 竹中工務店

方が納まりもよく、さらに施工もシステマティックにできる。工事を簡単にするためには、木パネルを床・壁・屋根すべてにわたって同一品とするのがよい。要素を最小限にするのがミニマリズムの基本である。基本寸法となる4尺×8尺は畳サイズよりも若干大きいが、厚い衣装で身を包み雪靴を履いた人間のスケール、つまりは寒冷地仕様の人体スケールに対応し、規模的にはちょうどよい。このサイズの合板パネルを用いた場合、壁を建てるのは問題ないとしても、床や屋根を支えるための横架材が必要である。これをすべて同一サイズの鉄材となし、薄鋼板の曲げ加工で重量を軽くする。特に屋根の部分（小屋梁）は端部をパネルの内側に入れ込んで外部への露出を避け、ヒートブリッジを防止する。基礎は地面の上にそれぞれ2点支持で置かれた2本の鉄骨の土台で、それぞれの支点で高さを調整して水平面をつくり、その上に薄鋼板の床梁を並行に並べる。つまり、観測小屋は、地面に置かれた平らな土台の上に同一サイズの鉄梁と合板パネルという2種類の部材を繰り返し並べるだけで完成という究極の標準設計を行うわけだ。

合板パネルの接合は、気密性を保つ上で特に重要であったが、丸太組の接合法がヒントになった点は興味深い。パネルの端部に溝と桟《さん》（実《さね》）とを設け、それらが嚙み合って隙間をつくらないようにしたのは、水平に積み重なる丸太を垂直にして並べたと理解すればよい。パネルの間には特殊ゴムによるパッキング材を入れ、丸太の間に詰める苔や土の役割をさせる。在来の丸太組は丸太の自重で材が沈み、隙間を押し潰していくが、ここではパネルが横に並ぶので、そのようなことにはならない。そこで、楔《くさび》の考え方を敷衍《ふえん》して独自のジョイント・システムを開発し、材を緊結することにした。両方のパネルに鉄のコネクター（締付金具）を取りつけ、そこから突き出した突起に金型を落とし込んで楔状に締めつけるもので、その操作は金槌一本で十分である。素人が手袋をしていても簡単に取りつけることができるということだ。まさにミニマリズムの極致である[30]。

合板技術が決定的だった

昭和基地と名づけられた南極観測基地の設計はこのようになされた。1956年の2月にめざす東オングル島に上陸した観測隊はさっそく設営作業に取りかかり、都合2週間で4棟の建設を終えた。材が軽く、接合が簡単なので、素人の隊員でも楽に作業ができたという。一見さりげない直方体のボックスで、コンテナのようなかたちであるが、この中には当時のさまざまな技術革新が詰まっている。敢えて欧米風の鉄の建造物を避け、合板技術を徹底的に突き詰めたのがよかった。

木の単板を重ね合わせてひとつの板にする合板の技術は昔から存在し、特に家具の領域で発展してきた。それが建築材料として今日我々が眼にするようなかたちになったのは19世紀後半のアメリカにおいてであり、森林資源の豊かな北欧諸国がそれに続く。木材には事欠かない日本でも、一部の製造業者がそれに着目し、明治末には合板工場が設立されている。合板のつくり方はよく大根の皮剝きにたとえられるが、丸い原木を「かつら剝き」のように薄皮状に剝いていくので木材が万遍なく利用できるというメリットがある。原木を一直線に断ち落として製材するのが当然とされる日本の伝統的な大工技術にはまったくない考え方である。この薄皮を単板として繊維方向が直交するように互い違いに接着剤で貼り合わせ、一定の厚さにしたのが合板で、通常は標準サイズに裁断されて市場に出る。品質の劣る木を用いていわば人工的に木板をつくるということで、安かろう悪かろうの代名詞のように語られて、木に命をかける大工の世界からは見向きもされなかったが、それでも工事用、産業用の二次材として需要が増していく。当初は国内材を用いていたが、昭和に入る頃から東南アジアのラワン材などを用いるようになり、第2次大戦直前にはそれなりのシェアを獲得するようになっていた。

第2次大戦が勃発して外国材の輸入が途絶えるようになると、合板製造業は一気に落ち込むが、逆に戦時物資の代替材料として脚光を浴びたという側面も無視できない。軍の強い要請でジュラルミンや鉄に代わって合板で航空機や船舶をつくることが研究課題となり、特にパルプを製造してきた製紙工場が国産材を用いて軍用の合板材料をつくるようになった。普通の木と違って曲げ加工が容易であり、薄い割に強度を得ることができるというメリットがあるので、国内にいくらでもある森林資源を活用して金属の代替をさせようというものである。陸軍の上陸用舟艇である「大発」は大量生産されたが、戦争末期には多くが合板製となり、そのための防水や耐水の技術が進むことになる。軍用機に関して見ると、日本よりも英国のモスキート爆撃機が合板製として有名であり、レーダーに映らない航空機として着目された。日本でも北海道（王子製紙工場）と富山（呉羽紡績工場）で木造の戦闘機「キ106」が製造され、また初のロケット戦闘機として開発された「秋水」も主翼は合板製であった。金属材料が枯渇したという切羽詰まった状況もあるが、終戦間近の頃には合板技術は職人的な技を介して相当高いレベルにまで達していたといってよい。木と竹の積層合板がもっとも強度が強くなるとして、戦闘機の尾翼に用いられた例も報告されている。面白いのは、敵の攻撃を欺くためにつくられる囮《おとり》用の模造機で、この製作にあたってはデザイナーたちが動員され、本物に似せてつくるために成形合板が大いに重宝されたという。こうした戦時合板技術を開発したメーカーや技術者たちが戦後になって、モーターボートや楽器などの分野でその技術を応用していったことは想像に難くない。

南極観測基地設計チームが注目したのは、こうした戦中に集中開発され戦後に広く共有されるようになった合板の製法技術であった。戦争が終わって10年で、時期的にはまさにタイムリーであった。在来工法では得られない寒冷地用のスペックも、合板を用いたパネル構法なら達成できる。建築家やエンジニアの役割は、個々の要素技術を総合して新たな製品＝寒冷地の観測棟を設計することにあるが、量産化に到る前の開発段階では何事も手づくりとなるという法則がここでも生きていた。合板ひとつとってみても、工場で普段製作しているものを用いれば事は簡単に済むが、高い性能を求めて材料の選択から始め、それをほとんど手づくりで合板化するという段取りを踏まなければならなかった。選ばれた樹種は樺《かば》で、軽さと硬さを兼ねそなえ、きめ細やかで癖《くせ》のない木である。その薄皮を6枚重ねにして合板をつくる。この合板からつくるパネルは構造体としての役割も担う必要があり、構造強度を出すために枠《わく》材と芯《しん》材を格子状に組み合わせて自立できるようにしなければならない。そこで枠材と芯材には檜《ひのき》を用いることとなった。繊維の密度が高く、見た眼にも美しい。今の基準でいえば相当の高級感が漂うもので、しかも眼に触れないところに使うというのが贅沢である。特に留意されたのが、檜でも北面材、つまり幹の北側を向いた部分から板取りした材を用いるということであった。北側に日光が当たらない分、年輪が詰まり、耐水性に優れていることによる。この間に断熱材を詰めなければならないが、その当時ドイツで売り出されたばかりの発泡スチロール（発泡ポリスチレン）が選ばれた。今ではどこにでもある材料だが、当時としては最新かつ最高の性能を示すものであった。

南極点では

このようにできた4棟の観測棟は、ある意味では大変贅沢な建築である。極地での実験ということで、当時の木造技術の粋を注ぎ込んで完成させたもので、限界設計ではあってもローコストという点は除外しなければならない。部材はすべて日本の工場でつくられ、一度日本での組み立て実験と訓練を行った後、南極に運ばれて組み立てられた。その意味では、間違いなくプレファブリケーションであるが、工場では腕の立つ職人たちが丹精を込めてパネルを製作し、木の温もりが感じられる点では限りなく手づくりの建築であるといってよい。明治初年とは違って、それなりに寒冷地住宅に費用をかけられるような状況となり、人々の寒冷地に対する意識も変わってきた。昭和基地は、その後拡張を続け、建築も建て替えられることになったが、その際に初期の観測棟は役目を終え、40年ぶりに日本に持ち帰られた。日本大学と竹中工務店がその建物を構造試験にかけているが、驚くべきことに劣化がほとんど進んでいないことが確認されている[31]。よい材料を優れた職人たちがつくると、このような結果となるわけである。たとえ突貫工事であったとしても、製作段階の用意周到さと丁寧な技術が窺える。

日本の合板技術は、この南極観測棟の成功が刺激となって飛躍的に発展し、4年後の1961年にはアメリカに次いで世界第2の合板生産国に到り着く。大和ハウスが1959年に初のプレファブ住宅を世に送り出したのに始まって、積水ハウス（1960）、ミサワホーム（1962）といった具合にプレファブ系の住宅産業が相次いで設立され、その後の住宅ブームを受けて国内で大きなシェアを占めるようになっていく。南極での技術は、パネル構法を検証し、それらのメーカーに強い影響を与えていく。性能仕様によって住宅を考えるという下地をつくった点も見逃せない。

余談ではあるが、1957年の南極観測にあたって各国が設営した観測棟を比較してみると、その国なりの寒冷地に対する意識が滲み出ていて面白い。大国アメリカは南極点にアムンゼン・スコット基地を設営するが、そのやり方はいかにも物量作戦だ。雪上に滑走路を造成して物資を空輪で続々と搬入する。越冬隊員の数は16名だが、施設の規模は日本の10倍はあるだろうか。観測棟、バルーン格納庫、発電棟、倉庫、燃料庫などが並んだ横に居住棟がつくというかたちで、チャペルまである。建築タイプは、かまぼこ型のタイプ、合板プレファブ建築、それに門型を連続させた通路（トンネルと呼んだ）も取りつけられた。かまぼこ兵舎は米軍のお得意で、倉庫やガレージに鉄板仕様のものを用いると同時に、居住用には「ジェームズウェイ・ハット」と呼ばれるテント・タイプを採用した。ジェームズ社で製作されたことでこの名称がついたものだが、かまぼこ型の木製リブを骨格として断熱性の高いガラス繊維・モスリン・綿からなるテント布で覆い、輸送用の木のケースは分解して床板に使うという、まさに軍の仮設建造物そのものだ。寒冷地仕様になっていて、基地建設に先立って隊員の居所を確保し、基地完成後もそのまま使用し続けた。朝鮮戦争用に大量につくっていたので、補給廠《しょう》から運んでくるだけでよい。もうひとつの合板プレファブ建築は「T-5」と呼ばれ、パネル構法であるが、山形屋根と陸屋根の2タイプがある。前者は小屋梁を用いずに、間仕切りで両方の壁を繋いでおり、部材は多岐にわたっているが、輸送に苦労しないお国柄であるので、それは問題ない。後者は鉄骨の小屋梁を渡して処理したもので、写真を見る限り、

ジェームズウェイ・ハット方式の観測小屋

南極点のアメリカのアムンゼン・スコット基地
ジェオデシック・ドームが雪に埋もれている

壁や屋根のパネルの扱い、ジョイント、梁のかけ方まで日本のものと同じである。それがなぜ同じであるかは今後調べてみなければわからないが、プレファブ先進国であり、パネル構法が一般的になっていたアメリカの情報が早い段階で日本に入っていたという可能性も捨てきれない。

このアムンゼン・スコット基地はその後の変化が著しい。冬期の積雪量が多く、建造物が雪の中に埋まってしまうので、7、8年も経つと傷みが目立つようになってきた。そのため、1960年代半ばになって基地機能の強化を含めて新たな基地計画が検討されるようになる。そこで登場したのがバックミンスター・フラーのジェオデシック・ドームで、3棟の居住棟を大ドームが覆うというかたちで、冬期のオープンスペースを確保する。まさに「ユア・プライベート・スカイ」というフラーの考え方が導入され、雪に閉じ込められた生活からの解放を掲げて、いかにもアメリカ的な巨大空間が生み出されるのである。1970年から工事が始まったが、夏期のごく限られた時期しか工事ができないため時間がかかり、ようやく1975年に完成、今日に到っている。残念ながら古い1957から58年の建造物はすべて廃棄されてしまった。

日本の昭和基地は海岸沿いに立地しているので、南極点に較べればまだ過ごしやすい環境にあるといわれる。もっとも寒い8月の平均気温はマイナス20℃前後ということだから、せいぜい樺太北部の気温である。イルクーツクやハバロフスクの方がはるかに寒い。日本人はやはり穏やかな気候が好きなようである。この点に関する限り、ロシア人は寒さの記録を更新しつつあり、南極点から1700kmの磁気極に位置するロシアのヴォストーク観測基地でマイナス89・2℃（1983）という気象観測史上もっとも低い温度を記録したことが記憶に新しい。

ベトナム難民のための震災仮設住宅　「紙のログハウス」

都市直下地震が神戸を襲った

災害は予期せず襲ってくる。１９９５年1月17日の朝もそうだった。東京の自宅で朝のテレビをつけると「神戸で地震が発生しましたが、被害状況は不明」とアナウンサーが何度も繰り返し、ヘリコプターからの映像が流されていた。発生時の地震被害は遠景からではなかなか把握できないものである。マグニチュード7を超す、鉄道が新幹線を含めてストップしている、現地の自治体とも連絡が取れていない、といった断片的な話を寄せ集めると、どうやらこれはかなり大きな地震で、相当の被害が出ているのではないかと直感的に感じるが、初動体制ができていないのか、なかなか詳しいニュースが入ってこない。前日が休日だったことも影響しているのかもしれない。その全貌が多少なりとも明らかになってくるのは、昼近くになってからであった。地震発生が朝5時46分であったから、結構な時間がかかっている。その頃には、崩れ落ちた阪急伊丹駅、三宮一帯、あちこちで発生している火災などが映し出され、これは大変なことが起きたと実感させら

阪神淡路大震災　© 神戸市

れた。あとで聞けば、当時の村山首相もこのニュースを首相官邸でNHKのニュースで知ったというのであるから、その当時の日本の危機管理体制はかなりいい加減なものだった。

神戸は京阪神の一角を占め、横浜と並ぶ貿易港として世界に誇る都市である。過去の記録から大地震など起きることはないともいわれていたにもかかわらず、前例のない規模での地震であった。震源地は淡路島のあたりで、神戸一円が直撃され、その頃、建築学会で話題になっていた都市直下地震そのものが現実に起こったのである。1990年代といえば、宮城沖地震（1978）や日本海中部地震（1983）といった大型地震を経験し、東海地震の可能性を含めて地震に対する研究は相当進み、地震発生のメカニズムやそれにともなう被害については知識としてある程度共有されていたといってよい。しかし、実際に神戸の中心部が壊滅的な被害を被っているのを眼にすると、そんな知識は吹き飛び、改めて自然の脅威の前には人間は本当に小さな存在でしかないことを思い知らされた。

5日後になって知り合いと一緒に神戸の現場に駆けつけてみた。建築施設やそれにともなうソーシャル・プランニングに関わっている身としては、何が何でも現場を見なければならない。大阪まで足を運び、阪神電車で芦屋まで行って、その先は歩きである。ともかく被災地の状況を把握するということで、市の中心部をくまなく回った。既に多くの人間がボランティアとして入っていて、傾いた建築物の耐震診断を施しながら動いているグループと繰り返しすれ違う。中小の鉄筋コンクリートのビルが道路に向かって倒壊したり、途中の階を押し潰したりしている様は筆舌に尽くしがたい。木造は屋根が重いのか、見事なまでに潰れている建物が多く、悲惨であった。そんな中でコンビニがあいていて、品数は少ないものの、店員が応対しているのが奇妙に感じられた。帰りは、関西空港が気になったので、ポートアイランドから高速船で空港に出てみたが、竣工してまだ1年ほどしか経っていないターミナルビルがガラスひとつ割れていないのに感心したものだ。

翌日は福知山線、神戸電鉄経由で大回りをして六甲山の裏側に出て、そこから動いていた北神急行で六甲山の下を潜り抜けて新神戸に出た。地盤が異なるせいか、山側と海側で被害状況がまったく違っていて、メカニズムはわかるものの、ほんのちょっとの土地の違いで天と地ほどの違いが出ることに不条理を感じてしまう。新神戸駅横のオリエンタルホテル（現在のＡＮＡクラウンプラザホテル）はその日もしっかり営業をしていて、そこで飲んだコーヒーがやけに美味しかったことを覚えている。この日は建築の被害状況を記録することに専念し、かなりの時間をかけて一円を歩き回った。工業化住宅の先駆けとなった芦屋浜高層集合住宅（１９７９）では、剪断《せんだん》力で鉄骨の柱の一部が鋭利な刃物で切ったように破断しているのに対し、港湾部ハーバーアイランドの超高層ビル群は無傷のままであり、耐震設計の違いをまざまざと見せつけられた。中層階がぺシャンコに潰れるパンケーキ・クラッシュという現象も、神戸市役所などでこのとき初めて眼にした。三宮を過ぎ、木造住宅が密集した長田区では、倒壊した家屋が折り重なり、あちこちで火災の爪跡も生々しく、木造住宅密集地域の現実を思い知らされたものだ。神戸以上に建て込んだ東京の下町が何度も頭をよぎった。夕刻になって友人が詰めている兵庫県庁に向かい、そこで行政サイドの話を詳しく取材した。市役所と違ってともかく庁舎の被害は軽微で、センターとしての機能を維持できていたのは不幸中の幸いであった。

阪神淡路大震災は、日本の災害史上、特別な意味をもつ。都市直下地震が人口密集地帯を直撃し、少なくともその時点においては戦後最大の死者数（公式には4634人）を出し、多数の住民が避難民となって避難所暮らしを余儀なくされた[32]。東西幹線である山陽新幹線を3か月間にわたってストップさせ、アジアでも有数のハブ港湾の役割を奪い取って経済の中枢をマヒさせた。耐震技術の面でも、それまで日本が地道に積み重ねてきた地震対策のノウハウが機能せず、建設時期が古いとはいえ、高速道路も高層ビルも倒壊して安全神話をことごとく突き崩したことが、世界的にも地震に対する日本の「無謬《むびゅう》性」を覆す結果となった。確かに1981年の耐震基準の改正[33]で、新しいビルは堅牢になったが、都市はそのような新しいものだけでできているのではなく、新旧織り混ぜた実に不安定な代物であることが改めてわかったといってよい。都市直下地震の激しさと、大都市の脆弱性とが重なり、しかもそれに対する政権の危機管理がずさんで甘いことが多くの批判を呼ぶことになる。根本からの見直しが必要である、ということだ。

「災害ボランティア」の出発点

しかし、この震災は、災害に対する人々のアクションという点から見ると、別の意味での転換点を記していた。人々のボランティア活動が高まりを見せ、国内各地から神戸に向けて延べ130万人に達する人々が自発的な意思で駆けつけ、被災者支援と復興に際して、前例のない活動を行ったことである。災害に対して市民がどのように向き合うかという課題が真摯に語られ、実際のアクションとして、それが実行に移されたということである。「災害ボランティア」というジャンルが確立したのはこのときであった。

ボランティア活動、すなわち無償あるいは最小限の費用で自発的に他者のために仕事をこなすという行為は、むろん今日に限ったものではない。その昔から弱者救済のための活動は大なり小なりそのような動機でなされてきたわけで、その根底には宗教的な思想、さもなければ、人間性に対するある種の普遍主義が宿っていたといってもよい。翻って、今日のボランティア活動というと、学校でも普通に教えるようになり、ある種の社会的倫理規範としての側面もあるようだが、その運用においてはアングロサクソンの市民社会ルールが強く反映されているようにも思える。成熟した社会の中で暮らす個としての市民がヒエラルキーや帰属性に縛られることなく、自身の意思で社会に無償で参画するとともに、企業や公共団体が、資金援助を含めてそうした活動を積極的に応援するという姿勢が前提になっているからである。実際にボランティアの貢献度が高い国として、北米つまりアメリカやカナダが突出していることからも、そのことがわかるだろう。社会に対する国民の義務を強く打ち出すドイツの伝統的な法制論や博愛主義を下敷きとするフランスの社会思想とは明らかに一線を画し、もともと「志願兵」を意味していたこの語を転用して「みずから進んで」というニュアンスを強めている点が重要である。

ちなみに、フランスではキリスト教的な博愛主義の理念に根差す「ベネボロ」という語の方が好まれるようだ。ヴォランタリアというと無償でフルタイムの仕事をするという意味になり、勤務時間外の余った時間をそれに費やすことを意味するベネボロとは法的にも区分されている。昨今の中国でもボランティアが注目されるようになっているが、中国語ではずばり「志願者」という。当然ながらこの語は新しく、多少なりとも古典に慣れ親しんでいる身としては、儒教的な倫理を表す「仁義」とでもいった方が通りがよいようにも思えるが、敢えて古代の語を使わないのがイデオロギー重視の現代中国である。日本でも一昔前までは「奉仕」といっていた。キリスト教系の団体が、無私の心で弱者支援を行っているというイメージが強く、現代の若者気質から見るとやや古めかしい。仕事を手伝うことから「勤労奉仕」といってしまうと、これまた軍国主義の復活のように思われてしまいそうだ。その点でカタカナ言葉は便利であり、やや上滑り感はあるも

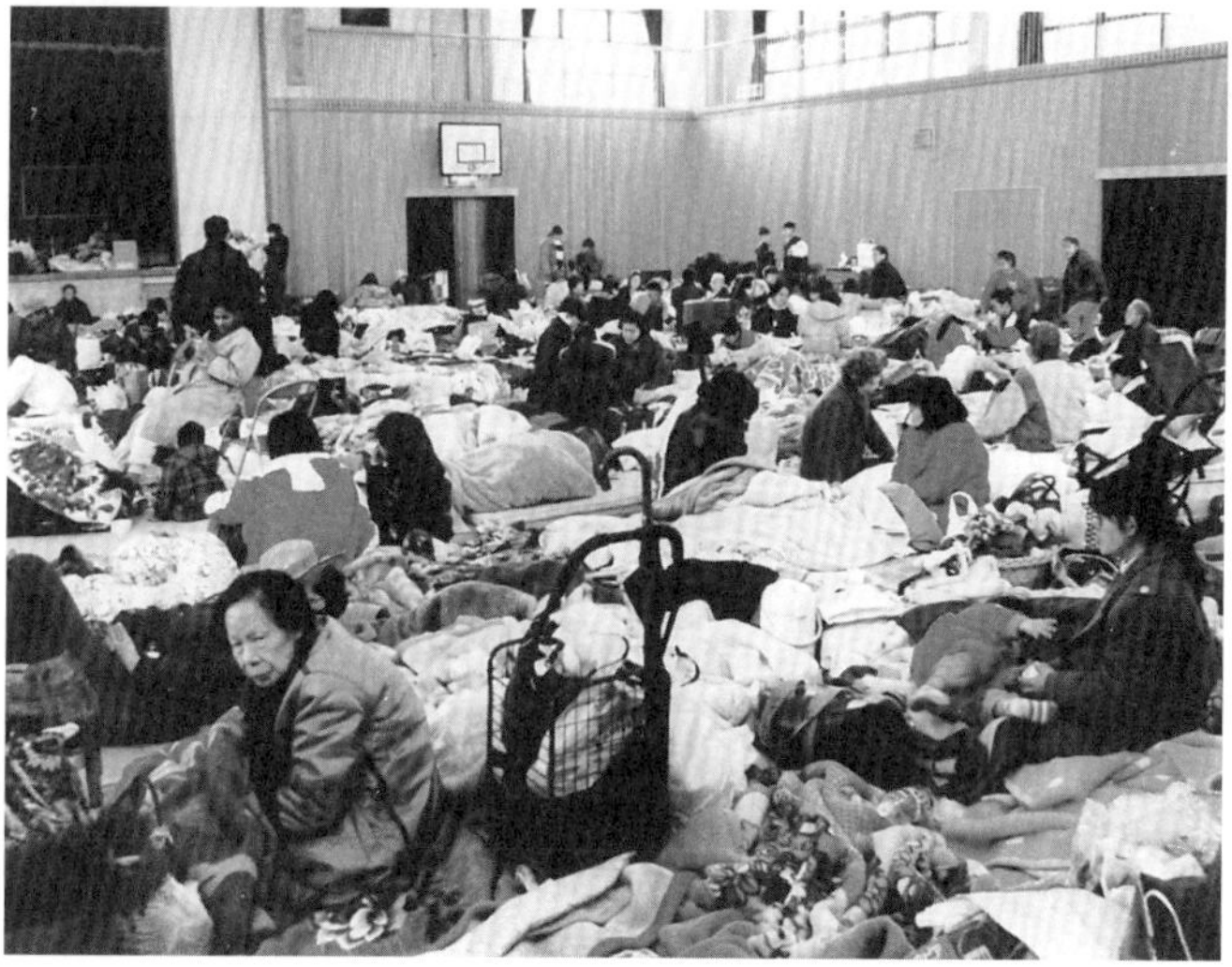

阪神淡路大震災の避難所内部　©神戸市

のの、欧米風の新しい社会的価値指標を表すものとして「ボランティア」の語が人々に熱心に語られるようになり、この20年ほどですっかり定着してしまったようである。

用語上の違いはともかくとして、世界の先進国では今やボランティアを社会資本（ソーシャル・キャピタル）として高く位置づけており、従来の企業社会型の生産活動に加えて、人々が自身の帰属に関係なく自発的に参加できる活動が社会の価値創造に大きく貢献するとしてコンセンサスが形成されている。ＯＥＣＤが出している報告書は、先進国を対象にそのあたりの国際比較を行っていて興味深い。ボランティアに対する個々人の時間の割き方と資金の拠出を座標としてボランティア活動の高さを比較したもので、それによるとアメリカやカナダが一番高く、次いで北欧、ドイツ、フランスなどが並んでいる[34]。それに較べると、もっぱら成長神話を追い続けてきたせいか、日本でのボランティア活動の歴史は明らかに短く、数値の上ではまだまだボランティア後進国である。しかし、ここ最近の状況を見る限り、その勢いがかつてないほど高まっているのは確かだ。その背景として、高齢化社会を迎えた日本が、定年後の余裕ある人々（前期高齢者）を大量に抱えるようになり、物事に縛られない彼らの社会的参画の度合いが一気に高まっていることが挙げられよう。女性の活躍も著しい。それに引きずられるように若者もごく普通にこの種の社会活動に参加するようになっている。企業の社会活動に対する貢献は、掛け声だけは勇ましいもののの、内容的にはまだ未成熟な部分も多く、この面ではまだ多少の時間がかかりそうだが、後述する東日本大震災を契機にそのあたりの議論が大いに高まっている。近い将来、社会の中でボランティアの活動率は一気に高水準に達するものと予測されている。

緊急出動と避難

阪神淡路大震災によって発生した避難民の数は、最大時で30万人を超えたといわれる。全壊（全焼を含む）家屋が10万棟余り、半壊は14万棟ほどだったので、被害を受けた世帯の数以上に人々が避難したという勘定になるが、地震によって水道や電気といったインフラが止まり、しかも余震が繰り返し襲ってくる状況下では、最良の策は安全な場所に逃げ込むということで、一時的な者を含めてこれだけの人間が避難したということである。誰がどのように避難するかは、地域によって対応が異なり、行き当たりばったりの感は否めないが、当時、この種の大規模災害に対して基本的な方策が確立されていなかったことが事の成り行きを面倒にしていた。東海地震発生の確率が高いとされていた静岡県であれば、地元での対応もそれなりのマニュアルができており、日頃の訓練もなされていたので、神戸ほどの混乱はきたさなかったに違いない。国全体とすれば、現実にこの震災がきっかけとなってさまざまな施策がまとめられるようになったわけで、後づけ的に考えれば、貴重な機会になったということである。

数十万人の避難民が出現するということは、国際的な範疇でいえばまさに戦争当事国の難民問題に匹敵し、人々の安全保障を考えて、いかに安全なシェルターを確保するかが問われる。まさに身を守る場所と空間が必要なのである。むろん、地震、台風と自然災害が多発する我が国では、それなりの災害への備えが蓄積されており、災害関係の法律も古くから存在している。自治体のマニュアルには必ず書いてあることだが、今日の行政関係者にとって法的な根拠となっているのが、第2次大戦後に制定された「災害救助法」（1947）と「災害対策基本法」（1961）のふたつで、それにもとづいて国や地方公共団体の基本的な施策が決められている。前者は災害直後の救援体制について公共側がとるべき具体的な内容を定めたもので、災害に対して事後的な対策を練る。当初から、都道府県知事が、収容施設の設置、炊き出し、被服の供与、医療、その他生活維持のための援助を行い、国がその資金を補助するという内容を定めており、その基本は今日まで変わらない。後者の方は、4600名の死者を出した伊勢湾台風（1959）を教訓に、災害に対する防備をあらかじめ練る「防災」の考え方を打ち出して、戦略的に災害に対処しようとするものである。とりわけ、公共側による「防災計画」の策定を義務づけ、さらに災害発生時、発生後のアクションを細かく規定している点で、大きな進歩であった。その後、災害を経るたびに改訂され、今日の条文に到っている。

災害対策基本法での根幹ともいうべき防災計画は、国による「防災基本計画」と、それにもとづいて地方公共団体が定める「地域防災計画」とに分けられているが、実は阪神淡路大震災が起こるまで、それまでの最大の災害が伊勢湾台風だったこともあってか、国の基本計画に大きな変更はなかった、という点を挙げなければならない。「防災基本計画」が最初に制定されるのが1963年のことであるが、その内容は6章からなる多分に概略的な条文で、それがその後の30年間以上にわたって、一度僅かに改訂された以外には実質的に見直しがなされていなかったという事実は、何よりも戦後の日本の危機管理に対する姿勢が進歩しなかったことを示している。災害対策は地方公共団体任せで、首相の権限が明示されておらず、「激甚《げきじん》」といわれる災害が発生した際の司令塔についての基本ができていなかったといってもよい。それが阪神淡路大震災の初動体制の拙《つたな》さを引き起こすのである。

「災害救助法」で謳われた被災者の収容施設は、「災害対策基本法」の条文にも反映され、各自治体は、地域防災計画の中でそのあり方を詰めていく。当初のやや場当たり的な運用から脱して具体的な内容をもって議論され始めるのは、1970年代に入ってからで、特に避難路と避難場所を具体的に示すことを国（消防庁）から指示されたことが大きい。近隣単位で、公共施設を用いて避難場所が指定される。広域避難場所、収容避難場所、一時避難場所に分類されてそれぞれの地域に設けられる。日常的に頭の中に刷り込むことができるように、道沿いの掲示板、サイン、その他必要に応じてパンフレットや広報誌などに載せられており、誰でも眼にしたことがあるだろう。いわゆる避難所はこの中で「収容避難場所」とされるところで、要は屋根のついた避難施設である。

震災当日、被災した住民たちは、おのおの避難所に向かった。といっても最初から避難所であるわけでなく、学校や体育館であるのだが、通常は学校等の管理者がいて、夜間はその委託を受けた守衛や警備員が扉の開閉を行っている。休日明けの朝5時台に起こった地震であったため、警備員がいればよい方で、遠隔管理状態になっている施設もあった。それらの建物が避難施設となるのは、住民たちがみずからそれを宣言すればよく、被災者による自治的な組織運営がなされるようになっている[35]。警備員が誘導してくれたところは運がよく、一部は無人であったため鍵を壊して入ったところもあると聞く。

難民が住んでいた

震災被害を大きくしたのは、長田区を中心として木造住宅密集市街地、いわゆる木密地域が広がっていて、古い木造建築が倒壊して火災に遭ったことが大きく作用している。そのあたりには町工場や木賃アパートの類がぎっしりと建ち並び、一度火災になれば延焼の危険性が著しく高いとされていた。その不燃化が進んでいなかったのは、古い市街地ゆえに権利関係が複雑であるとともに、個々の事業者の負担能力が低いためである。つまりは零細事業者が多かったことが大きく関係しているのだ。特にケミカル・シューズの生産は隣の須磨区を含めて全国の出荷高の80%を占め、まさに長田区の地場産業となっており、その7割から8割の町工場が在日コリアンの経営者によるものとされる。大半が小さな町工場で、僅かな従業員を抱える程度で、その働き手は外国人労働者に依存している。人手不足の折から、この種の零細企業で働こうとする日本人は少なく、その分、外国人の手を借りなければならない。むろん賃金水準は低い。そのような理由から、長田区は外国人比率が突出して高く、1994年の時点で7.8%となって、神戸市平均の2.9%を大きく超えている。しかも、これは正式に外国人登録をした人間の数で、不法滞在者・残留者を含めればさらに大きな数になっていたはずである。大阪市生野区と並んで、我が国でも有数の外国人居住地である。

ボート・ピープルとして日本に入国したベトナム難民のグループも長田区の地場産業を支える重要な働き手であった。1970年代後半から発生したベトナムを含むインドシナ3国からの難民は世界で144万人におよぶという。多くはアメリカ、オーストラリア、カナダなどの国々に引き取られていったが、その中には日本政府によって難民として認定され、日本で居住を始めた1万1000人余りが含まれている。世界に散った難民総数から見て1%にも満たない数字自体が日本の難民政策をよく表しているが、ともかくこれらの人間は日本国内に居住を始め、現在すでに2世の時代に達しつつある。当初、彼らは日本社会に順応するために国内2か所にある国の定住促進センターで訓練を受け、その後は各人がばらばらに自身の道を選ぶことになった。ところが面白いもので、難民同士が相互に連絡を取り合っていたこともあってか、ベトナム人に限っていえば、いつの間にか神戸、八尾（大阪府）、藤沢（神奈川県）に集まってくるようになり、それぞれにベトナム人コミュニティができあがった。生活に不慣れなニューカマーたちが言語、生活習慣などの面で同質性を求めることから集住化が促進されるという現象はどこの国でも共通しており、その集住のパターンは安い住宅（アパート）やエスニック・フードの店が存在し、仕事の場が近くにあるといった特徴に裏打ちされている。長田区の場合はケミカル・シューズの町工場がその働き場所となり、勤勉な彼らの労働力は工場にとっても地域にとってもまさに頼り甲斐のあるものだった。それゆえ長田区は、大阪の生野区や横浜の鶴見区のように時間の経過とともに多文化共生のモデルとなるべき場所であったが、震災のおかげでそのような期待は見事に裏切られ、まったく異なった問題を露呈させることになった。

震災が発生した時点で神戸市に居住していたベトナム人は730名余りと報告されている。そのうち480名ほどが長田区のケミカル・シューズの工場で働く難民であった。これらのベトナム人がどのような行動をしたかについては、震災後に詳しい調査がなされており、ここでもそのデータを参照しながら、彼らの動きに着目してみたい[36]。

地震が発生した当日、彼らは噂に惑わされながらあちこちに身を移したが、その傾向は大きく3つに分けられる。少数ではあるが日本人について避難所に入ったグループ、さらに姫路にある定住促進センターまでトラックで走り、そこでの支援を願い出た者、そして最大は地区内にあるふたつの公園（南駒栄公園、湊川公園）に避難して野宿するグループであった。避難所に指定された小学校では日本人に混じって生活を行ったが、そこで生活習慣をめぐって日本人と諍《いさか》いを起こし、居づらくなった彼らの多くは避難所を出て公園グループに合流している。定住促進センター組は、そこでカップ麺の提供を受け、数日の宿泊は許可されたものの、その後は退去を促されて再び神戸に戻ってきている。公園では、救援物資としてテントが持ち込まれて、そのまま野外生活の継続が可能になり、最大時で170名が暮らすことになった。日本語が流暢にできるわけでもなく、災害時にどのような行動をとるべきか、避難の仕組みがどのようになっているのか、救援物資をどのように受け取るのか、といったこともなかなかわからない彼らにとって、集団でまとまって行動することが最善の策とされ、あえて公園での野外のテント生活を選んだといえるだろう。日本人であれば、避難場所に地域のコミュニティをもち込んで緊急時の共同生活を成立させることが可能であり、制度的にも避難所はそのようにできているが、ニューカマーのベトナム人にそうしたノウハウがあるわけはなく、また空前の被害に見舞われている自治体の職員もこのような外国人に時間を割く余裕はない。そんなことで、公園暮らしが長くなり、炊き出しを受けながらのテント生活が延々と続くことになる。周囲の日本人は、時間とともに避難所から仮設住宅に移っていくが、その機会からも外された彼らはまさにホームレスそのものであった。

こうしたベトナム難民に救済の手を差し伸べたのは近くのカトリック鷹取教会である。震災によって聖堂は焼け落ち、みずからも被災者となった司祭の神田　裕神父のもとに、全国からボランティアが続々と訪れ、半年で延べ4000人が集まった。焼け跡の廃材を用いて仮設の宿泊所を建て、それをボランティアの拠点となす。ベトナム難民はカトリック信者が少なくなく、そのことで以前から縁があった。さらにベトナム人司祭の応援を得て、教会内にベトナム人支援のためのFM局を設置し、ベトナム語の情報を流し、彼らを元気づけるためにさまざまな活動を行うことになる。日本人なら当然カバーされている災害時の生活支援についても、情報不足と避難所外に起居しているという理由から疎外された難民たちを、ボランティアの力によって救援するのが目的である。自治体の側はといえば、災害時における少数の外国人集団に対する救済措置が実質的に定められていないため、マニュアル一辺倒の前例主義から抜けきらず、しかも緊急事態のために人的余裕がまったくないときているから、救済の術がないのである。あったとしても、中央と地元の間を書類が何度も行き来して決定が先延ばしになり、即応性が肝要な支援活動のスピードにはまったく追いつけない。災害救助法は、被災者に対して仮設住宅の提供を求めており、法的に外国籍もその例外とはならないはずであるが、さまざまな理由からその機会に到り着かないのは、先に述べた通りである。古くからのコミュニティをもつ在日コリアンであれば、民団や総連を通して強力な支援を取りつけることができたが、そのような歴史もネットワークもないベトナム人は、唯一教会だけが拠り所であった。

紙のログハウス

こうしたマイノリティの状況に強く反応したのが建築家の坂茂《ばんしげる》である。アフリカ難民の救援活動を行っていたこともあって、災害発生にともなう被災者の問題には特に強い関心を寄せていた。現地に足を運んでその事情をつぶさに眺めることになるのだが、その視点は災害によって増幅される社会的な不条理に対して、何をコミットできるかという点に絞られていた。大手の設計事務所やゼネコンであれば、まずはクライアントの心配を行い、自社の設計・施工したビルの状況を確かめるのが最初の仕事となるが、彼にとってはそのようなことよりも、自身のプロフェッションそのものが地震によって根底から問われているかのような危機感を抱き、まずはアクションありきと動き出すのである。神戸に向かった彼が現地で出会うのが鷹取教会で、教会のボランティアたちと一緒に教会再建の活動を始める。その過程で教会に出入りしているベトナム人と知り合いになり、彼らが起居している南駒栄公園を訪れることになった。春先のことである。「惨めで、とても人間の暮らしとは思えなかった」と述懐する。雨が降れば敷地は水浸しになり、太陽が出れば室内は蒸し風呂状態になる。そんなテントでその日暮らしをする彼らは、語の本来の意味で難民といってよい。長い内戦の末に命を賭けた脱出行によって日本に辿り着くという生き様は、半世紀前の日本人が体験した満州からの引き揚げにも重なる。しかも、落ち着いたはずの神戸でまた昔と同じような事態に見舞われることとなった。家を失い、遭遇した状況の中でひたすら耐え忍ぶだけのマイノリティの姿を眼の前にして、坂　茂はこう自問した。「人々に住居を提供し都市をつくってきた建築家がここで役割を果たせないとしたら何なのだろう」。

ベトナム人被災者たちは、他の町に行っても仕事のあてもなく、とりあえずは神戸に留まって復興を待つしかないと考えていた。日本に不慣れな彼らは、ようやく築いてきた小さなコミュニティを崩したくないのである。しかし、地震発生から数か月を経てやや落ち着きを取り戻した公園の周りの住民たちは、異邦人がホームレスよろしく公園に暮らすのを疎ましく考えるようになり、区役所に頼んで彼らの追い出しをはかるようになる。文化摩擦が生じていて、被災者としての共感も思いやりも吹き飛んでしまっているようだ。坂　茂は事態を深刻に受け止め、事の本質はマイノリティに対する施策の欠落と見て、問題解決のためには難民たちが当面自立して暮らせるような仮の住まいの確保が緊急の課題であるとする。そして、みずから応急住宅の提供を申し入れるのである。とはいっても彼は当時まだ37歳、建築家としては駆け出しの部類に入り、事務所

坂 茂 ベトナム難民のための「紙のログハウス」1995 ©Hiroyuki Hirai

にそれだけの資金力があるわけではない。仮にあったとしても、それは筋違いで、むしろひとつの運動を盛り上げてみんなで支える仕組みをつくっていかなければ意味がない。心ある人たちからの寄付を募り、材料もローコストに抑えて最小限の資金で、十分な量の住宅をつくり上げなければならない。施工も工務店に発注するのではなく、みんなで、つまりボランティアが自分たちの力で建設するようにする。頼れるのはアイデアと腕力のみである。

坂 茂にはすでに腹案があった。設計条件は、低価格、素人のボランティアでも施工が可能なこと、軽量で輸送が簡単であり、そしてなによりも住宅としての性能を保持しなければならない。それをかなえるのは、「紙」でつくるのがよい。むろん、模造紙や壁紙のような薄いぺらぺらの紙ではない。かつてプルーヴェが鉄板を折り曲げて剛性をもたせたように、紙を丸めて管のようにすれば十分な強度が取れる。彼はそれまで紙の丸管を用いてさまざまなプロダクトをつくり、建築も実現してきているので、その点では自信があった。

紙の応急住宅とは、以下のようなものである。製紙工場で紙を製造するときに、紙をロール状に丸めていくための芯部分が丸管となっており、工業用ということできわめて安価で手に入る。一般には「紙管《しかん》」と呼ばれている。トイレット・ペーパーの芯が巨大になったものと考えればよい。これを丸太のように並べて壁をつくる。ロシアや北欧の丸太組は丸太を横にして積み重ねていくが、ここではそれを縦に並べて壁にする方が、構造的にも無理がない。こうしてできた壁の四方に扉と窓をつける。家の囲みはこれでよいとすると、次は屋根と床である。せっかく壁を軽い材料でつくったのに、重い小屋組を載せるのは憚《はばか》られる。そこで採用したのがテント構造で、布の張力を利用した2重の防水テントの屋根を考案した。暑い日にはそれを開けて熱気を逃がすようにすればよい。逆に基礎部分は、住宅が風で吹き飛ばないように、重さが必要だ。しかも湿気を断つために床を地面から上げて床下に空気層を設けることが望ましい。また、公園に建てる仮設住宅であるから、いつでも撤去可能にするため、コンクリートの打設は避けなければならない。床面を平らにするために、基礎は同一サイズのものとする。ビールケースの利用を思いついたのは、そのような条件があってのことである。どこかのメーカーに頼んでプラスティックのビールケースを大量に集め、その中に砂袋を詰めて重しとすれば、簡単に基礎をつくることができる[37]。

このようにしてできあがった応急住宅のデザインは、紙管を丸太のように用いることから「紙のログハウス」と名づけられた。材料調達のシナリオがすでに組み込まれたデザインとなっており、彼は早速関係者を回って協力を取りつける。基本となる紙管は製紙メーカーから調達する。テントは我が国のテントメーカーのトップである太陽工業に技術開発を含めて協力を仰ぎ、ビールケースはキリンビールから提供を受ける。この種の仮設建築では要素を少なくして、その分の手間を省きプロセスを簡略化することが肝要である。集められた材料は、ボランティア仲間でトラックを手配し、自分たちで運転して神戸への輸送を確保することになった。設計者、企業、市民とボランティアの輪を広げ、設計、材料調達、輸送という流れをスムーズに組むこと、これが災害時の緊急支援住宅のロジスティックスの要件であった。

法制度から見る応急住宅

紙管は今や坂 茂のトレードマークのようになってしまったが、1995年当時ではまだ開発途上にある材料だった。その9年前にアルヴァ・アールトの巡回展の会場デザインを依頼され、この素材を用いたのが、彼にとっての紙管デザインの始まりである。その後、規模を拡大し、建築として雨風に晒されても十分な耐久性を得るまでに改良されていた。小田原でのイベント用に設計した小田原パビリオン（1990）が既に専門家筋では注目されていた。世界広しといえどもこのような材料を用いた建築家やデザイナーは皆無であり、発想が斬新である。その反面、技術としての可能性についてはまだ誰も自信をもって推すことができなかった。このデザインを眼にした人は誰しもが開口一番「紙は弱く危険な材料ではないですか」と尋ねたという。前例がないということは、たとえいかに優れた材料であったとしても建築にとっては結構厄介で、その安全性を証明し、関係機関の認定を得るための手続きで相当の苦労をともなうものである。建築が公共の価値を有し、人々の安全を保障するものでなければならない以上、地震や火災といった災害に対して構造上、防災上の安全性を担保しなければならない、ということだ。そのために国が定めた厳しい基準をクリアしなければ、建築材料として用いることができない。だから小田原パビリオンも法的には仮設の工作物としてしか認められなかった。

当時の建築基準法では、特殊な材料や構造の使用については第38条に「建設大臣がその建築材料又は構造方法がこれらの規定によるものと同等以上の効力があると認める」ことを義務づけていて、国の指定する機関が試験を実施してその効力を確認する必要があった。国土交通省の外郭団体である「日本建築センター」がその任を負っていて評定や構造適合性判定といった技術審査を行っており、業界では38条に引っかかって審査を受けることを「センター送り」と呼んで忌諱《きい》する傾向があった。竣工した建設物をクライアントに引き渡す日程が契約上決められているのが普通であるから、不合格の可能性があり、合格するにしても数か月から半年程度の長い時間が余計にかかるようでは、リスクが大きいということである。しかし、技術のイノベーションにはこうしたプロセスが必要であり、現に多くの建築家や構造デザイナーがその方式で新技術を実際に導入してきた。国際的に眺めれば、日本の建築行政は建築基準法にこのような「逃げ」を入れていて、新しい素材技術や構法をむしろ積極的に認める方向で動いていた。欧米の方が一般にその基準の適用に融通が利かないことが指摘されていて、坂 茂も後に紙管を用いて大々的に行ったハノーヴァー万国博の日本館（2000）の建設にあたって旧態依然としたドイツの建築行政に相当いじめられることになる。

1995年初頭の時点で、坂 茂の紙管技術はこの38条認定に達していなかった。構造設計の重鎮たる松井源吾らの協力を得て認定のための作業は始まっていたが、それが通るまでにはさらに半年が必要であった。従って「紙のログハウス」は、法的には公園に一時的に設置する仮設の工作物と見なされ、建築基準法上の縛りを避けて建設されることとなった。いざという場合の緊急避難用の建造物、つまり避難所や病院は、2次災害を防ぐという意味でも防災上堅牢な構造を有していなければならないが、まだこの当時は1981年の建築基準法改正以前に建てられ、新しい基準を満たしていない「既存不適格」の建造物が相当数そのような施設に指定されていた。学校はおおむね無事であったが、全半壊した病院が13件にもおよんだことは、緊急施設が必ずしも安全ではなかったことを示している。災害救助法で自治体に義務づけられている応急仮設住宅は、事後のものであるから、当然建築基準法にのっとっていなければならないが、災害が起こって設計を開始するなどという悠長なことはいっていられない。それゆえ一種の標準設計を用いたプレファブ方式として、すぐにでも提供できるようにしておかなければならない。かつて米軍が作戦に応じていつどこでも建設できるようにしたかまぼこ兵舎（「クォンセット・ハット」と呼ぶ）で試みたプレファブ方式と基本的に同じといってよい。強度とスピードを重んじたために倉庫のような無味乾燥な建築となってしまうのが玉に傷である。

阪神淡路大震災にともなう仮設住宅 ©神戸市

大和ハウス工業や積水ハウスなどを擁するプレファブ業界は、そのまとめ役であるプレハブ建築協会と都道府県の間に「災害時における応急仮設住宅の建設に関する協定」を結んでおり、いざというときにはその業界が総力を挙げてプレファブ住宅の生産に乗り出す手筈になっている。すでに三宅島噴火（1983）や北海道南西沖地震（1993）で数百戸単位での生産の実績を有していた。1995年の時点では、協定の対象は神奈川県(1975年に締結)など僅かに過ぎなかったが、この震災を機にその協定は47都道府県すべてにおよんだ。神戸が被災したときのこの業界の動きは素早く、震災翌日には協会本部に災害対策本部を設置し、その翌日には生産が開始されていた。救援活動がまだ混乱をきわめる中、すこぶる手回しがよいが、時間が勝負のこの業界では、この程度の動きはごく日常的なものである。実際、プレファブの工程とは規格化された部材を各地の工場で製造し、それを現場に運んで組み立て（アセンブリー）を行うのが基本であるので、すでにタイプが決まっているのであれば、設計工程なしにそのまま生産体制に入れることがメリットである。ただ、発注と用地確保は自治体の役割なので、その段階を経て実際に現場での建設工事が始まるのは多少遅れることになる。それでも最初の仮設住宅が完成したのは地震発生2週間後の2月2日（兵庫県五色町、34戸）のことであった。

坂 茂「紙のログハウス」の建設風景 1995 ©Shigeru Ban Architects

ボランティアが住宅をつくる

自治体の発注による仮設住宅は、8月前半までの半年をかけて総数4万9681戸が被災した10市10町に建設された[38]。この数字にはプレハブ建築協会加盟メーカー以外の輸入住宅や地元工務店の施工による住宅も含まれているが、坂 茂の行った「紙のログハウス」は含まれていない。というのも、彼の住宅は自治体から受注したものではなく、認可すらも受けていない「無許可」の住宅だったからである。設計者みずからが資金と材料を調達し、自治体からは一銭も受け取っていないのである。神戸市といえば、建設現場に区役所から担当者をよこして「危ない」、「不法である」といった理由で工事を差し止めようとしたくらいである。多少好意的に見れば、「紙のログハウス」という発想自体が役所の想像力を超えていて、紙であることに強く反応した結果が「危ない」という言葉に表れたということであり、意地悪くいえば、役所の認めていない場所に担当者のチェックを受けていない建造物を勝手に建てるという行為自体が「不法」であって、お上の指示に従わない市井の建築家の勝手な行為は不届き千万ということなのだろうか。

このように、坂 茂の「紙のログハウス」は行政サイドでは物議をかもす面倒な代物と扱われていた。だからといって、難癖をつける公共側がベトナム人のために仮設住宅を手配してくれるわけでもなかった。頼れるのはボランティアだけである。敷地を新湊川公園に決め、そこで実際に

坂 茂「紙の教会」（カトリック鷹取教会）1995 ©Hiroyuki Hirai

工事が始まったのは5月のことである。鷹取教会に集まったボランティアたちがその工事の中核となった。教会も同じく紙管を用いて聖堂を建てることになり、こちらの方が規模は大きいが、ともにボランティアの人力で建設ができる点では同じである。幸い紙管は軽量で、ひとりで自由に持ち運びができるため、一般の仮設住宅が必要とする重機もなしで済む。建築が軽いので基礎も掘り下げる必要がなく、砂袋を入れたビールケースを敷き詰めてその上に合板の床を張ればよい。一戸の面積は約16㎡で、規模的には一般応急仮設住宅の1K型（19・4㎡）を若干小さくしたものと考えればよい。初日に80人のボランティアの手を借り、一気に6戸をつくり上げる。プレファブの仮設住宅が2～3週間かかることに較べると画期的なスピードであり、モンゴルの遊牧民のゲルに匹敵する[39]。それをモデルにして以後の作業が続き、9月までに30戸を完成させることになる。このおかげでベトナム人百数十人がこの住宅で仮住まいを行うに到り、小さい規模ながらも初期の目的は達成された。住宅建設だけでなく、ベトナム人への情報提供、ネットワークの構築、さまざまなサービスの提供という点でボランティアの役割は大きく、教会というコミュニティのあり方も手伝って、そこが国籍に関係のない人々の触れ合いの場になったのは確かである。

この震災におけるボランティアの活動については、全体として受け入れ体制ができていなかったということもあって、被災者や自治体の側での「需要」と、全国から駆けつけるボランティアの「供給」がミスマッチを起こした例が多く報告されている。情報の整理、コミュニケーションの取り方、ボランティアが自身で手配すべき物品（食料や装備）などについての知識とルールがこの時点では未熟であったともいわれる。しかし、「紙のログハウス」を含めて、救援から復興に到るプロセスの中でこれだけ多くの人間が集まり、みずからの意志でありとあらゆる作業を完遂していったのは我が国の歴史の中で画期的であり、その事実に着目すべきであろう。危機に瀕した際には、公共も必ずしも頼れる存在ではなくなり、みずからの意志と判断が重要であることもこの災害は示しているわけで、成熟した社会であればこそ、それが可能になる。はからずも顕在化したマイノリティの問題は、文化多様性を標榜してきたそれぞれの社会が肝心なときには機能不全に陥る可能性を垣間見せたことで、意味深長である。企業先導型の社会として一流の水準は保持できても、弱者を含めてさまざまなエスニック・グループを抱えた地域コミュニティの創出云々となると、社会基盤は脆弱であった。坂　茂のようにリスクを恐れずに行動する人物がいて初めて問題解決の糸口が見えてくるのである。ボランティアの精神は、本来そのように「恐れず飛び込む」ところに価値があり、それを組織化できたところに「紙のログハウス」のパイロット的な役割があったといってよい。

第３部　地球市民としての建築家たち

リロケーションによる文化の組み替え

空き家化が進むと無居住地が発生する

21世紀の日本は人口が一気に下降線を辿るようになり、それにともなって国力が衰退した挙げ句、弱小国家に成り果ててしまう。このような議論がジャーナリズムを賑わせるようになったのはもう10年近くも前だろうか。実際、２００４年を境に人口のカーブが下向きに転じ、ひとりの女性が生涯に産む子供の数を指す合計特殊出生率も１・26（２００５）と過去最低の数字を示して、このままでは５００年後には日本が消滅してしまうという論者まで現れた。しかし、２０１０年に入って総人口に揺れ戻しがあり、２００４年のラインを越したことで、ここしばらくは一進一退を続けるような気配を見せている。それでも少子高齢化の進展は深刻で、地方に行けば行くほどその度合いはひどくなる。今では「超」をつけて超高齢化社会の到来と表現するのが普通になって、それに慣れていくのが恐ろしい。このあたりのデータを生々しく出しているのが、たとえば国土交通省の国土審議会国土政策部会が発表した「国土の長期展望」（２０１１）で、それによれば、２０５０

年には人口が９０００万人台になり、高齢化率は40％弱になるという。２・５人にひとりが65歳以上という計算になる[40]。そのままでいけば、２１００年には人口５０００万人を切り、明治後期の状態に戻るという。日露戦争の頃である。未来に向かった国家の縮小のデザインが必要なのは間違いない。

こうした厳しい現実を具体的に表す指標のひとつが「空き家」の割合である。総務省の統計によると、我が国の住宅総数は２００８年度で５７５９万戸と史上最高の戸数を数えるに到ったが、空き家の伸びも著しい。５年ごとに実施される住宅・土地統計調査報告のホームページ冒頭には「空き家は７５６万戸となっており，平成15年（２００３）から97万戸（14・６％）増加、総住宅数に占める割合（空き家率）は平成15年の12・２％から13・１％に上昇し過去最高」と危機感が滲み出た表現で記されている。売れ残りのマンションならともかく、普通の街で７戸から８戸にひとつが空き家というのは尋常ではない。少子高齢化が進行し、人口減少に転じるにともなって既存の住宅ストックが家余りの状態に転じたのである。

数字だけではなく、実際に街を歩いていても、人が住んでいない家が目立つようになってきた。その点は集合住宅も一般の街並みも同じである。街には気配というものがあって、人気《ひとけ》のない街は寂しく、夜半になると身の危険を感じることすらある。その最右翼ともいえる音威子府《おといねっぷ》や夕張などは衰退の街ということで全国ブランドになってしまったが、あまりありがたくない話である。

空き家がこれだけ分布するということは、高度成長を経て満杯状態になった日本という器から、人がどんどん零れ落ちていった状態を指しており、面的には広がった都市や集落の内側に実は人が住んでいないという驚愕的な事実が、明確な数字をもって突きつけられているのである。空き家化がさらに進むとその地区全体から人が消えてしまうということになり、実際、右の報告書では「2050年までに居住地域の2割が無居住化」として、空洞化の進行によって無人の地域が生み出されると警告している。特に北海道では今の半分、中国・四国では4分の1の地域から人がいなくなる。

50年前の日本全体の人口分布と現在を比較してみると、明らかに山間部から平野部・海岸部に人が移動しているのがわかる。人口は増えたにもかかわらず、それが偏って集中していったのは、農業や林業などの第1次産業が衰退し、生産やサービスなど第2次から第3次の産業の就業機会を求めたことに対応している。ならば大都市は高密度で人がいっぱいかと思うと、昨今、それも違った方向に動いているようだ。都心部でも人口の濃淡が顕著になってきたのである。神戸の震災で防災上深刻な問題を引き起こした木造住宅密集地域（木密地域）、つまり古い木造住宅がぎっしりと詰まって都市整備がなされていない地区において、見た眼の高い密度にもかかわらず内実は空き家化が進行してきて、深刻な空洞化現象が発生しているのである。東京の都心をドーナツ状に囲む木密地域がそのよい例で、権利関係が複雑な分だけ整備が遅れ、安全で安心な環境が保証されないことが災いして、若い人たちが郊外に移っていくことが指摘されている[41]。事実、東京都墨田区の京島地区では空き家率が18％を超えることが我々の調査で明らかになっている。小中学校の統廃合が都心部でも進むようになり、まだまだ使える学校建築が、生徒がいなくなったということでお払い箱となり、取り壊すのは資源の無駄遣いだとして別の用途に転用されるようになってきた。

つまり田舎であっても都心であっても、どちらも空き家化とそれにともなう「無人化」の兆しが強く見えるようになってきたのである。この現象は先進国に共通するところがあり、かつて鉄鋼業や重化学工業などを立地させた工業都市が、産業構造の転換にともなって廃れていく例が多い。1970年代から80年代にかけて西側諸国の重工業地帯の都市が軒並みその傾向を示していたが、今日では東欧やロシアに目立つようになり、社会主義体制の下、計画経済で工業化を推し進めたつけが多くの街に現れている。教科書にも取り上げられるほど有名となったアメリカ中西部のデトロイトやクリーヴランドは衰退都市の元祖といえそうだが、昨今目立つようになったドイツのハレやライプツィヒ、ロシアのイワノヴォなどは、日本でこそあまり知られていないが、世界的には「シュリンキング・シティ＝縮小都市」の代表例として見学者が絶えないということだから、皮肉なものである[42]。

旧社会主義圏の「縮小都市」は日本とよく似ている

幸か不幸か私自身、東欧圏やロシアと縁があって、以前よりかつての工業都市を訪れる機会が多々あったが、実際にそれらの「縮小都市」を回ってみて気がついたのは、どれも普通の市民が住む街であって、開発途上国で顕著なスラムとはまったく異なったメカニズムで動いているということだ。立地や歴史的な経緯、あるいはその国の産業構造から見て衰退のパターンにはいくつかあり、必ずしもひとつの枠でくくれない。

第1のグループは、旧社会主義圏の工業都市に多く、工場地帯に隣接して1960年代の集合住宅が並んでいる。それ自体がコストをかけない、つまりは「フルシチョフ式」といわれる安普請の大量生産型の住宅であり、その後の時代に経済が落ち込んで建て替えができなかったということもあって、傷みが激しく、物理的にも荒廃が目立っている。単調で抑揚のない街並みとあいまって、街を維持する力が消え失せてしまったといってもよい。19世紀末から繊維工業が飛躍的に発展し「ロシアのマンチェスター」とまで形容されたイワノヴォがそうだ。革命後も計画経済の力を借りて発展を続けたが、1970年代のブレジネフの時代に入って停滞が目立つようになり、ソ連崩壊後に旧態依然とした工場群が次々に閉鎖され、この20年で人口が20％も減少してしまった。若者は職を求めてモスクワなどに出てしまい、いきおい高齢者のみが古い集合住宅に残されてい

無人化するデトロイト市街

る。本家本元のマンチェスターは「創造都市」の政策が功を奏して経済がV字回復を遂げているが、こちらは今なお沈降の道を進んでいて、先はまったく見えない。

　国土が圧倒的に広いロシアとは異なって、適度の規模をもつ国々が相互に関わり合っている東欧圏の大都市は、社会主義体制の崩壊にともなう都市の衰退がこれとは違ったメカニズムで発生している。第2のグループである。社会主義の国土計画にもとづいて重点的な資本投下がなされ、集合住宅地が肥大化した結果、その後の市場経済の圧力に耐えられなくなった例といってよい。チャウシェスク時代に工業国として独自の発展を遂げたルーマニアの大都市はどれもこの種の都市膨張を経験し、それが今日への負の資産となってしまった。ルーマニアの首都ブカレストの住宅調査報告書では1960年代から70年代にかけてなされた住宅建設をこう評価している。

「新たな集合住宅建設に際してタイプは1種類のみとされ、すべての人間をその与えられた基準の住居の中に住まわせることが重要で、他の社会（西欧など）で見られる個々人の間の関心の違いが反映されることなどはない（中略）国家こそが唯一のデザイナーであり、投資家であり、建設者であり、管理者なのである。都市計画や建築は総合的な計画システムの一部であり、新たな社会の創設に向けて動く経済に支えられている。従って、これらの集合住宅地は（国のトップたるノーメンクラーツを除いて）労働者から知識階級、警察官までも含めたすべての人々が住む場所となった。すべての社会階層を共住させようというモダニストの夢が、他に選択肢がないという状況ではあれ、ここに実現されたのである」[43]。

逆説的な言説ではあるが、旧社会主義圏の建築が、統制経済の恩恵を被って当初から面倒な要求を抱える居住者とのやり取りを捨象し、国の掲げる上位計画に従ってひたすら機能主義的な設計を進めてきた点を鋭く突いている。1960年代から70年代にかけて古い歴史的な市街を取り壊し、郊外にスプロールしていった状況は日本と変わらない。このグループに見られる「衰退」する市街は、先に挙げたイワノヴォとは違って1950年代から60年代初めまでの古めかしい標準化住宅によるものではなく、むしろその後に建設された大型住宅が、社会体制の変化にともなって一気にその価値を落としてしまったことに起因している。住んでいる人間は工場労働者からオフィスワーカー、知識人、役人までが混じっていて、20世紀前半の西欧に見られた階層的に特化した労働者住宅街ではない。このあたりも日本に意外と似ている。市場経済の導入は、国内の急激な人口移動を引き起こし、就業機会も魅力もないかつての大型集合住宅に空き家が目立つようになってくる。虫食い状態が進行し、空洞化が顕著となる。その立地が大都市内やその周辺であれば都市再開発を介して再生のチャンスがあり、今となっては古くさい「社会主義デザイン」の住宅は取り壊して時代に合った商業施設を導入する方が、街並みが現代風に一新され投資効果も眼に見えるので、開発サイドには好まれる。しかし、住民の側からいえば、それはアウトサイダーの勝手な議論で、やはり既存のコミュニティを保持するかたちの修復型の方式にすべきだとの意見が強い。ただ、老人や失業者ばかりが目立ち、街に覇気がないという事実は覆いようもない。それは仕方がないとしても、その地域を維持する上での主体の有無が今後のキーになることは間違いない。EUの主要課題のひとつが、旧社会主義圏からEUの傘下となったこれらの地域の「改善」で、相当の予算が注ぎ込まれており、地域によっては住民団体と専門家を巧みにマッチングして、活力を取り戻しつつあるところもあると聞く。

第3のパターンは、国内の人口移動で街がじわじわと縮小していくもので、ソ連崩壊にともなう計画経済の破綻と産業構造の転換によって、ウラル山脈以西のヨーロッパ・ロシアへの人口移動が活発になったシベリアや極東ロシアの都市に顕著である。過去20年で人口が6%も下落したイルクーツクや同じく4%のハバロフスクなど主要都市が軒並みこの傾向に陥っている。最果てのサハリンはさらにひどく、全体で10%ほどの落ち込みを示している。人口移動の主たる理由は、ロシア国内の経済的な格差が大きく、モスクワやサンクト＝ペテルブルクが投資過剰ともいえる状態にまで拡大を続けるのに対して、交通インフラの面等で不利な条件にあるシベリア以東が忘れ去られた地域になりつつあるということだ。現在、ロシアの連邦政府はこれら地域にさまざまな優遇策を講じて極東方面の人口定着をはかっているが、まだそれを食い止めるには到っていない。あと40年間で4割減ともいわれる北海道の人口減少と相似したパターンである。イワノヴォのように工業が破綻して荒廃したというわけではなく、人口が徐々にではあるが確実に減少しているところに真綿で首を絞められるような苦しみがある。

アグリー・ダックリン症候群に捉われた日本人

旧社会主義圏の都市の衰退化の例を出したのは、それなりの含みがある。従来、ロシアや東欧の問題は異なった政治経済体制の中で起こった話であるため、日本とは関係ないとする論調が一般的であったのに対して、実は日本で今起こっていることは、西ヨーロッパよりもこれらの国々と共通する要素が結構多いことを示したかったからである。是非は別として、高度成長を支えた「護送船団」と称せられる官庁の強力な指導力や階級区分のない居住形式、狭隘《きょうあい》な住宅に甘んじる国民性、さらに昨今の少子高齢化の度合いなどは、西欧とは大きく異なり、旧社会主義国のそれに近い。しかも、「失われた10年」を経た最近の沈滞ムードに到っては、まだ市場経済化の恩恵に与《あずか》りきれていない東欧ロシアとまったく同じといってよい。官僚制のほころびとか政治の荒廃といった点で語られる内容が、旧社会主義国家のそれに比較されうることは不名誉かもしれないが、個々の現象を見る限り、その相似性は認めなければならない。「中規模都市」（ヴィル・モワイエンヌ）や「創造都市」（クリエイティブ・シティ）政策を掲げて都市ルネサンスを主導し成功例を多く提供している西欧諸国に較べようもない。

少子高齢化は西欧や北欧が30年程前に経験したことであるが、それを克服するために女性の労働環境の向上や、多子化に向けた仕組みづくりを地道に行ってきた結果が今日の回復に繋がっている。日本にとっても現在の少子高齢化現象は所与の事実であるから、ことを厳粛に受け止め、新たな策を講じていけばよいのだが、町づくりや地域計画の現場を見ていると、問題の大きさに押し潰されたのか、どうも力が入っていない。この覇気のなさは、言い換えれば、極端なまでのリスク回避の姿勢であるといってもよい。特に主導的になるべき役所や大企業にその傾向が強い。この問題は社会経営論や社会政策論の領域で頻繁に語られているので、ここではこれ以上言及するのは避けるが、このままでは国が滅んでしまうというような深刻な事態を改めて認識し、国土計画の大きなヴィジョン以上に、地域の人々の生活と組織をどのように練り直し、どのようなアクション・プランを提起していくかといった視点をみずからの課題として引き受けることが不可欠であると指摘しておきたい。霞が関や永田町、あるいは大手町には頼れない時代なのである。

こういう事情もあってか、昨今の日本では悲観論が横行している。「日本沈没」とか「無機的でからっぽの経済大国」といった言葉が氾濫して、人々は世界に背を向けて内向きとなり、そもそも元気がない。日本人が必要以上に自信を失っている状態を、私はアンデルセンの「みにくいアヒルの子」になぞらえてアグリー・ダックリン（みにくいアヒルの子）症候群と呼んでいる[44]。開発途上国に較べれば経済的に圧倒的な余力があり、個人の貯蓄率も高いといいながら、この20年程の間に社会の格差は急激に広がるようになった。国内での所得格差の開きによって貧困度をはかる「相対的貧困」の指数は今やメキシコ並みとなっており、これまた西欧や北欧をはるかに下回る。そうした格差感と階層分化の実感が自信喪失のひとつの理由になっているのは確かであり、それに対峙する確固としたアイデアと姿勢が必要なのである。

おそらく多くの日本人は、上向きであることが善で、下向きであることは悪だと心のどこかで考えているに違いない。それを言い換えれば、発展し成長することが社会には必要で、その結果生まれる高い密度をもった市街地が人々の未来を支えることになる、といった思考である。しかし、こうした密度への信仰は人間居住に対する発想を定型化してしまう危険性をはらんでいる。ひとつ、もしくはいくつかの中心業務地区があって、その周りに住区が広がり、それらを適度な交通ネットワークが繋ぐという20世紀の都市モデルが今でも専門家の頭から離れないようであるが、その大前提になる人間の数と行動様式が今や大きく変わりつつあるということだ。広々とした土地に数を小さくした人々がゆったりと住む、という前提で新たな住まいのモデルを構築すべきではないだろうか。散住、あるいは展住モデルといってもよい。現に北欧ではそのような住まい方が一般的で、それゆえに距離に影響を受けないインターネットなどのコミュニケーション・ツールがきわめて有効に働いている。

アンデルセンの童話には、周囲との差異によってみずからを「醜い」と見なしていたみにくいアヒルの子は、自信を失ったまま生涯を終えるのではなく、大人になって美しい白鳥に姿を変えるという後日譚が記されている。日本人が改めて世界に向けてはばたくには、自分自身が卑下してきたものを見直すことから始めなければならない。つまり、今は「醜い」とされるものを「美しい」ものに変えるノウハウと技術を培っていかなければならないのだ。そのひとつとなるのが、余剰となったがゆえに不要と判断される建築資産、つまりは空き家なのである。

余剰となった建築資産を移動させる＝リロケーション

高度成長期が始まった1950年代、今ならノスタルジーを込めて「三丁目の夕日」の時代といった方が通りがよいだろうか、を体験した人なら、新たに建設が始まった公団住宅がまぶしく見えたことを覚えているだろう。まだ第2次大戦の傷跡が治りきっておらず、住宅数は圧倒的に足りなかった。建てることは善であり、戦災のために空き地が目立った都内各地もそのようにして次々とビルや住宅に置き換わっていった。1960年代末には住宅数が総世帯数を追い抜き、何とか住宅需要を満たすようになったものの、規模や質の面ではまだ欧米に劣り、外国人からは面白おかしく「ウサギ小屋」と揶揄されていた。そのようなときに頑張って、悪条件や欠点を克服してしまうのが日本人の美徳である。建築家も住宅産業も、負であることをバネにして住宅の質的向上をめざして新たなモデルを開発し、日本の土地と風土に見合った住まい方を提案していくことになる。その結果、近年では住宅の面積も、アメリカほどではないにせよ、ヨーロッパの水準に達している。欧米と較べると、逆境から始まって今日の水準を達成したこの半世紀の努力は大変なもので、構法技術やプランニング面でのイノベーションの積み重ねだけでも歴史に残ることは間違いない。

しかし、空き家率が13％を超した現在、一度達成した住環境の水準を今後も変わらず維持できるかは議論が分かれるところである。特に地方都市が深刻である。和歌山県の空き家率17・9％や高知県の16・5％などが目立っている。限界集落といわれるエリアに到っては25％を超えるものも珍しくない。先の国土審議会の報告書が示すように、個々の空き家の段階から集落の無人化にまで到っているといってよい。ゆゆしき事態である。こうした空き家の大量発生は、遺産の相続という点から新たな問題を発生させるようになってきた。従来、相続人は、是非は別として、それが古い住宅であればあるだけ、償却が済み、不動産的には価値のない物件として、取り壊してしまう傾向にあった。破却して廃棄物として処分する。ところが、2000年の資源リサイクル法の大幅な改正にともなって、建設廃棄物の分別が要求されるようになり、その分、コストがかさむようになってきた。その費用を捻出できる世帯は限られ、いきおい、無人の住宅が放置される事態が増えている。高温多湿の我が国の気候条件の中で無人の木造住宅はメンテナンスを欠き、雨漏り等が続いて簡単に朽ち果てていく。貴重な資源がこのように放置され、じわじわと姿を消しているのである。

無人となった木造住宅に対してノスタルジーを覚えるのは当然かもしれないが、今、ここであえて注目したいのは、木造がある意味では変幻自在の特質を備えているという点だ。増改築が楽にでき、場所の移動（＝移築）も簡単であるということである。プログラムの変更に従って、建築場所を変え、そのための解体、移動、再建というプロセスがごくあたり前にインプットされてきた。古建築調査を行うと、しばしば創建時とは場所を違えて建っている建物に出合い、その由来や来歴についてしばし考えさせられることが少なくないが、実はそれが自然であって、社会の変化や必要に応じてさまざまにつくり替えられてきたのである。

一般的に、西洋の建築は、組積造であることも手伝って移築の事例はないと思われている。また、文化財の分野で重要視される「オーセンティシティ」（本物であること）の考え方から見ると、建築の保存修復に際して土地を移動したり材料を替えたりすると本物でなくなり、それゆえに移築はご法度とされてきた。しかし、木造建築は、解体と再建が容易であるという特徴があり、よく調べてみると、建築の移動は特に日本だけというわけではなく、ロシアや北欧の木造文化圏では日常的に行われていた行為であった。ロシアの場合は、移築にあたって、住宅（ログハウス）を解体した丸太で筏《いかだ》を組んで、めざす地点に着いたところでそれを住宅に戻すという、我々から見れば奇想天外なやり方もしばしば行われていた。機能論から見れば、木造とは本来的にそのような特性とメリットを備えているわけで、社会の移り変わりに対応して自在に運用してかまわないはずだ。木造だけではない。たとえば中国、特に北方では、煉瓦造の建築も売買の対象となり、運搬可能の比較的近いエリアであればその結果移築というプロセスに到ることが少なくない。大きく眺めてみると、遊牧系を除いても、世界の何割かの地域で移築という行為が普通に行われているのである。

つまり、ここで考えてみたいのは建築を動かすという行為のもつ可能性である。場所（ロクス）を変えるということで、あえて横文字でリロケーションと呼んでみたい。その基本にあるのは、何よりも空き家になった木造住宅をそのまま放置しておくのはもったいない、という考え方である。むろん、不要になった建築を解体して建材として取引するというやり方は各地で行われているが、部材ではなく建築総体として再利用できるに越したことはない。特に人間生活の痕跡が染みついた古い住宅であれば、所有者ならずともその有意義な再利用の仕方を望むだろう。いわゆる古民家再生といわれる事業は、最近国内各地で行われるようになり、特に過疎化が進行しているところでは、自治体の後押しでさまざまなＮＰＯが立ち上がって実際の事業を進めている。その大半は、民家風の意匠を求める飲食店、つまりは蕎麦屋等の需要に即してのことであって、ある意味では特殊解である。

空洞化という意味では都心部の古い空きビルも同様の問題に見舞われている。しかし、これについては対策がいち早く講じられ、コンバージョンの手法が一般化するようになった。そのための制度的な支援も可能になっている。それと同じく、特に地方の木造住宅のリロケーションを支援する具体的な仕組みができてもよい。今日のような地球環境時代においては、産業廃棄物としての空き家の処分に較べて、温室効果ガスの排出量やエネルギー総量の面で、「地球にやさしい」のは当然である。古いものを使い回すという古来の倫理観に対応するものだが、建築需要の発掘という面から見れば、リロケーションに向けた新たな要素技術やプランニング技術の開発、取引権の確立にともなって新たなビジネスチャンスと考えてもよい。建築は建てるだけのものではないという、何よりも価値観の反転が必要なのだ。

文化のスワップ

このリロケーションの考え方をグローバルな文脈で試みたのが、2009年に竣工したエチオピアはゴンダールの「ミレニアム・パビリオン」である。それ以前に私がゴンダール市の都市マスタープランの改正を手掛けた縁で、事業終了後も市のさまざまな施策のアドバイザー役を仰せつかっていたことから、エチオピアの紀元2000年行事（今なおユリウス暦を用いるエチオピアは、

2007年から2008年にかけてエチオピア暦紀元2000年を迎えた）の立案を依頼された。そこで提案したのが、日本とエチオピアを繋ぐいくつかの文化行事とそれを具体的に示す文化会館「ミレニアム・パビリオン」の建設であった。たまたま以前より島根県の委員会に呼ばれて木質資源（つまりは空き家）の再利用についての具体案をまとめていたこともあったので、事情のわかった島根県とゴンダールを結んで文化の交流計画を打ち上げたのである。具体的には大田市の木造の空き家をゴンダールに運んで地元の空き家と合体させてひとつの文化会館をつくるというもので、いわゆる新築の会館を建てるのとはわけが違う。古い建築同士が掛け合わされて予期せぬ効果が生まれるだろうとの期待もあった。ゴンダール市でその任にあたったのが、当時ミレニアム行事担当責任者であった現市長のハブタム・ゲネトで、2007年の段階で市内部に担当のセクションをつくって行政上のさまざまな調整、エチオピアの古民家の移築の段取りなど、準備作業に取り掛かった。

一方、島根県側では地元のNPO日本古民家研究会より大田市の古民家の紹介を受け、最終的に大田市の住民がゴンダール市に古民家を寄贈するというかたちで、この事業が進むことになった。大田市といっても人口3万8000人弱の小さな町で、それだけではあまり強い印象がないが、実はこのリロケーション計画の進行と並行して2007年に大田市にある石見銀山がユネスコの世界文化遺産に登録され、一気にブームが押し寄せてきた。対するゴンダールは、近世エチオピア

（17〜19世紀）の都が置かれた由緒ある古都で、皇帝の宮殿群（ファシル・ゲビ）が市の中心部に構えている。既に30年程前にユネスコの世界遺産（1979）に登録されているので、知名度は高い。つまり狙いは、ふたつのユネスコ世界遺産都市が共同で遊休資産を活用し、しかもまったく異なった文化的背景の建築を掛け合わせて新たな文化施設をつくる、ということにあった。ゴンダールも石見銀山もポルトガルの大航海時代に深く関わっており、16世紀から17世紀にかけて多くのポルトガル人がエチオピアを訪れ、ファシル・ゲビの建設にもイエズス会士の関与が認められている。リスボンからゴンダールを繋ぎ、ゴア、マカオを経由して平戸に連なる大航海時代のネットワークの中で石見銀山から産出する銀が決済に用いられていたことからも、両者の間に少なからぬ因縁があった。近世のグローバル・ネットワークと今日を比較し、新たな国際パートナーシップを築くというのがパビリオン建設に到るきっかけである。

こうしてエチオピアと日本を繋ぐパビリオンの計画が始まった。設計は山下保博《やすひろ》（アトリエ・天工人《テクト》）に依頼し、以後、彼を中心として遺産のリロケーションを下敷きにした新たな文化プログラムづくりが動き始める。ひとりあたりのGDPが年300ドル余りという最貧国の地位に甘んじているエチオピアにおいて、当然ながら文化の枠組みはおのずから日本と異なる。このパビリオン自体に地域の生活支援のためのさまざまなプログラムを組み込ませることが必要であった。実際に、世界銀行による地域活性化のためのマイクロクレジット（少額融資）活動施設（零細業

島根県大田市の古民家　大正期

エチオピア、ゴンダールの円形住居　19世紀

者に対する事業所の提供)、異文化交流のためのパフォーマンス・スペース(舞台)、さらに環境施設として集水装置をもった雨水タンクの設置による水供給施設といった3つのプログラムを合わせもつ。それを、遺産のリロケーションによる文化の交配を介して行おうというのである。山下保博のアイデアはユニークで、デザイン的にも一見まったく異なったふたつの建築(大田市の木造の民家とゴンダールの石造の円形住居)が相互に機能を補完するかたちとなって融合されていき、それまでにない建築類型ができあがっていく。建築デザイン論としても秀逸である。

グローバリズムが圧倒的な力をもつ今日、昔のように1か所に留まって純粋にその土地の果実だけを糧にして生きていくことはできない。地域の固有性は重んじつつも、そこにさまざまな文化や民族が重なることによって新たな力が生み出される。世界の多くの国がその段階を迎えており、日本もその例に漏れない。文化政策論では多文化共生の概念があてはめられるが、これはひとつの地域にさまざまな文化集団が集まった状態を指す。この状態をさらにダイナミックに展開させ、文化を移動させることで異文化を意図的に交配させようというのが、ここでいうリロケーションの基本になっている。建築なり人間なりを異なった文脈に移して文化のつけ替え(スワップ)を行うという考え方である。ノウハウをもった人間が別の土地に移動して、その土地の文脈を参照した新たな文化がつくり上げられるということであり、技術論でいう技術の移転(トランスファー)もこの範疇に含めることができる。

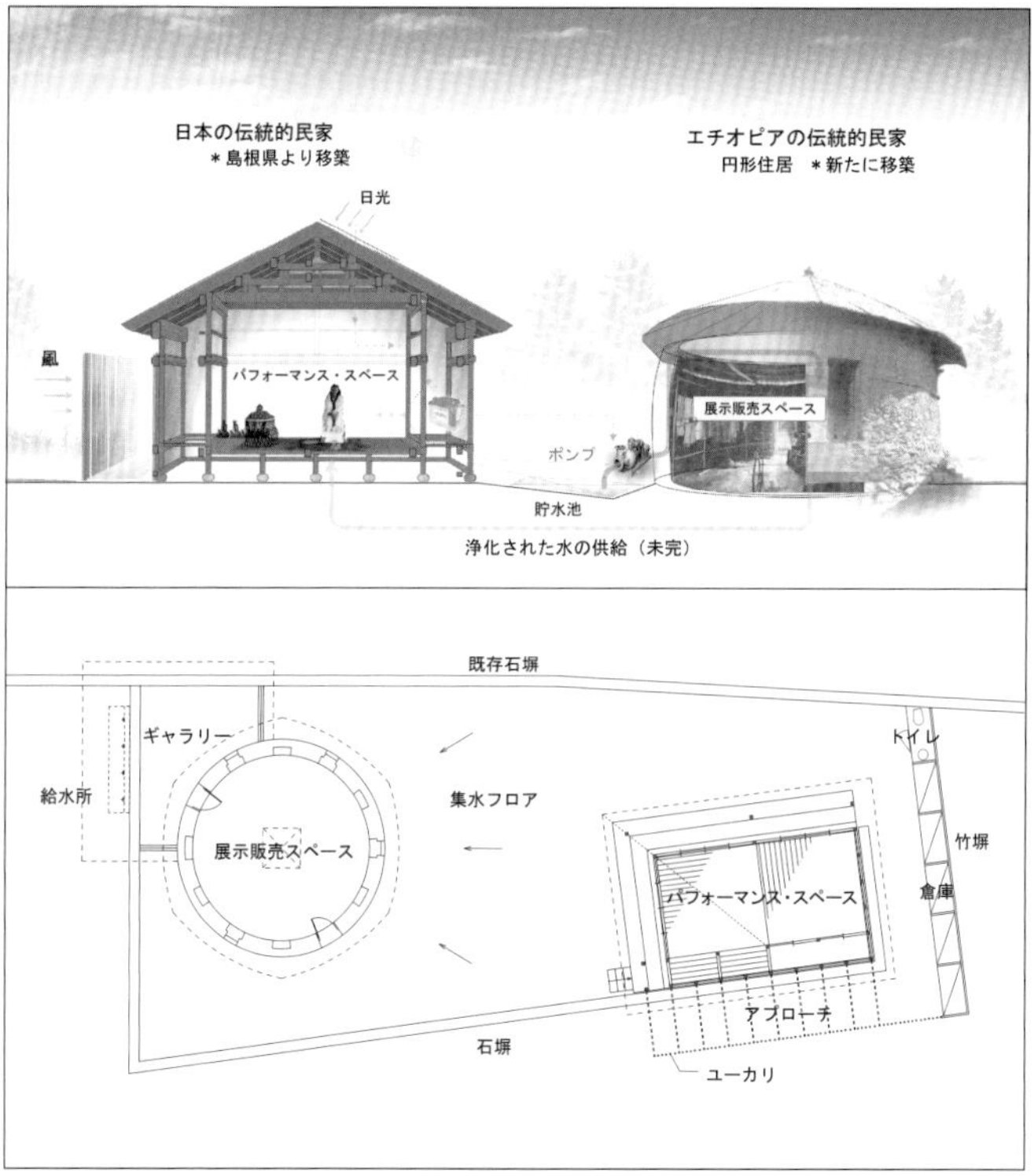

アトリエ・天工人　ゴンダールの「ミレニアム・パビリオン」計画図　2007
大田の古民家はパフォーマンス空間、ゴンダールの円形住居は
ショップと水タンクとする　©Atelier Tekuto

エチオピアで行ったことは、二重の掛け合わせと理解してもよい。ひとつは、日本の木造家屋を解体して、その軀体をゴンダールに移して、地元産の材料（パピルスや竹）と組み合わせて、見た目には日本の古民家でありながら、内容的にはハイブリッドの新たな建築を生み出すことである。もうひとつは、地元の石造民家（19世紀の建築）をゴンダールの中心部に移築して、日本の古民家と抱き合わせでひとつの施設をつくったことである。後者の場合、石の軀体を基本として小屋材に工夫を加え、日本から送ったガラスブロックを石に組み合わせて、まったく異なった空間効果を引き出している。このような方法は、オーセンティシティが幅を利かせる社会では規則違反として認められることはないが、別の価値観に立てばきわめて有効な建築原理として成立しうる。建築は移動し、使い回していくものである、とすれば、今日流のリユース、リサイクルの発想とフィットするのは間違いない。コストパフォーマンスも結構よい。

クリエイティブこそが魔法の粉

建築構法の視点から見れば、リロケーションはプレファブリケーションと同根の考え方にもとづく。古材はすでに加工され成形された部材であり、それを新たな需要の地に運んで組み立てるという点がまさにそうなのである。ただ、工業化や標準化という指標を入れ込むと、その対極に

アトリエ・天工人 ゴンダールの「ミレニアム・パビリオン 日本館」2008–09 ©Takeshi Taira

アトリエ・天工人 ゴンダールの「ミレニアム・パビリオン エチオピア館」内部
2008–09 ©Takeshi Taira

立つといってもよい。それぞれの材は工業化以前の棟梁（職人）の手の跡が染み込んだ一品生産の素材である。それを新たなプログラムに沿って組み上げ、新たな価値を付与するのがこのやり方である。明治期までのように古材を使い回すことが普通だった時代であれば、そのあたりの仕組みはごくあたり前に共有されていたのであるが、20世紀のモダニズムにはそんな考え方はない。従って、リロケーションなる課題を解くためには、設計者はそれまでの定型的な構法概念を一度きれいに拭い去り、まったく新しい発想でことに臨まなければならない。それでも、いちど閾《しきい》を越してしまうと古い木構造を全面的につくり替えるのも苦にならなくなり、ある種の脱構築的な豊かなボキャブラリーが見えてくるようになる。新時代のエコ・コミュニティのヴィジョンはこのようなところから浮かび上がってくるに違いない。

この問題を別の角度からとらえると、こういうことだ。19世紀から20世紀にかけて産業社会は、新たな素材を開発し、工業化のシステムを完備させ、さらに発展をめざして都市を膨張させてきた。今から振り返ると、生産施設や社会施設などが単一機能でデザインされ、しかもつくり過ぎてしまった。量的にも仕様の上でも「オーバーコンストラクション」を志向していたともいえる。しかし、時代が変わり、社会のニーズも変わった現在、20世紀の遺産ともいえるこの種の施設は意外と役に立たない。旧社会主義圏の縮小都市は、まさにこのような建築の上に生み出されている。機能主義的なプランニング技術が発展したことがフレキシビリティを失わせ、また高度の利便性を与えてしまったがゆえに、元の状態に戻ることができなくなった。だから、転用を行うとなると、莫大なコストがかかることになり、ならば取り壊して新たな建築とした方が効率的であるという結論に落ち着くわけだ。

こうした20世紀的建築計画のあり方に対して、リロケーション・プロジェクトは負の資産と目される空き家や遊休施設を新たな文脈に移して積極的に活用することが主眼となっている。負を正に反転するという裏返しのテクニックであるが、裏技というわけではなく、20世紀的な方法論を改めるところにおのずから登場した正当な思考法である。プログラムの中に、場所という因子が入ってくることでもある。

アトリエ・天工人はエチオピアでの計画と並行して、島根県の空き家問題に深く関わり、価値の逆転なる課題に応えるべく、新たなリロケーションの方法論を展開してきた。活動の基本となっているのは、国内の需給の関係、いわゆる川上と川下の関係をよく見極め、過疎地側の木造住宅を大都市圏の新たな住宅や施設に置き換える上でのロジスティックスの開発である。その際、忘れてはならないのは、川上と川下にそれぞれ独自の文化が存在しコミュニティが継続しているという事実である。前者を単なる原料の調達地、いうなれば森林伐採地や石切り場の類と考えてはならないということである。同様に、後者を消費地もしくはマーケットとのみとらえていると、リロケーションが果たすべき環境の持続性なる目標を見失ってしまう。消えゆく村も生まれつつある集合地もともに深い人間性（歴史や社会）に裏づけられた場所であり、そのふたつの場所を連結させ、人々の集合生活に繋がりを与えることが計画者や建築家のミッションとなることを忘れてはならない。

首都圏や京阪神の中心部では、小振りの敷地に建物が密集して建てられるのが普通である。それゆえ、いわゆる農村部の大型の木造住居を運んできても、敷地に収まらない。むしろ郊外の市街化調整地域であれば、収まりもよく、環境との親和性も優れている。逆に都心部の狭隘な敷地であれば、蔵のような小型の木造建築を利用するのも一興である。そのような観点から、アトリエ・天工人は国内でいくつかのプロジェクトを立ち上げており、単一の住宅から集合地の計画までリロケーションの可能性を具体的に示すことになった。単一の例でいえば、島根の蔵を湘南の地に2棟移してつくられた週末住宅は、脱構築的なデザインに特化し、逆に都市型農業を振興するためのエコヴィレッジは、環境共生型モデルのリロケーション版として大きな意味をもつ。前者は、平たくいえば、大正期に建てられた蔵をリゾート地に移して別荘としたものであるが、移設した木の構造体をスケルトンとして露出させ、その上に被膜をかけて「エンヴェロップ」をつくり出すというデザインの手法が主眼となっている。床材として用いられている煉瓦は上海のバンド（外国人居留地）で使われていたものであるが、当地の再開発によって廃棄物となりかけていた。ここでも異なった歴史と文化の掛け合わせが試みられたということである。もうひとつのエコヴィレッジの計画は、軸組を利用する点では前者に通じるが、古い構造材でつくった単位を面的に展開して、ひとつのコミュニティにまで単位を広げていくところが重要である。結果的には、当初の建築とはまったく異なった空間と質を得ることになった。

このように発想を切り替えて、空き家が豊かな資源であると考えたときに、初めて新たなクリエイティブの動きが可能になる。緩やかに下降を遂げている周縁部のコミュニティ、つまり過疎化が進行して人的リソースが日に日に小さくなっている地方都市や集落において、現行の顔ぶれと手持ちのコマだけでは先細りの傾向を止めることは実質的にできない。しかし、何らかの創造的資源をもった外の人間が強い意志をもって参入すると、そこに価値の逆転を引き起こすことが可能となる。クリエイティブこそが魔法の粉の役割を果たすのであり、文化のスワップはその延長線上にある。建築家には与えられた仕事をこなすだけではなく、みずから文化の仕掛け人として、クリエイターの先頭を走ってもらいたいものだ。

学校という贈り物

食糧危機の中での子供たち

開発途上国の子供たちはよく働く。路上の靴磨き、荷物運び、さらには新聞売りと、ありとあらゆる機会をとらえて仕事をしている。ユニセフの統計を見ていると、サハラ以南のアフリカでは6歳から11歳までの、つまり小学生の年齢に対応する子供たちの、平均して3割強は何らかの仕事に就いているという。中でも、マリ、ニジェール、エチオピア、加えてアジアのネパールは、その率が4割を超している。当然ながら、大人のような給与所得者になれるわけではなく、街角での物売りといったインフォーマルな経済に依存して日銭を稼いでいるのである。その子供たちを、今、世界の食糧危機が襲っている。

飽食気味の日本から見ると、食糧危機とはいってもあまり実感が湧かないが、国民が満足に食事をできない事態になるとすれば、これは国家の根幹に関わるゆゆしき問題である。2008年になって穀物価格が急騰したのが始まりであった。その後、国際金融危機の発生にともなって価格が下落し、安定化に向かったと思った矢先、2011年に入って再び急騰を始めた。最近のアラブ諸国の民主化革命も、元はといえば食糧を輸入に頼っているために価格高騰の影響をもろに受け、それが民衆の不満を爆発させたためとまでいわれている。開発途上国にとっては死活を争う問題となっているのだ。その中で最大の危機にさらされているのが、発育のために栄養価の高い食事が欠かせない子供たちである。

フィレンツェにあるユニセフのインノチェンティ児童研究センター（CRI）では、児童の困窮の度合いをはかるために「通貨の貧困」、「栄養の貧困」といった指標を用いている。前者は文字通り家計面で経済的に圧迫された状態であり、通常いうところの「貧しい」に対応する。後者は栄養摂取の劣化した状態を指しており、つまるところ、経済以外の指標を含めて困窮度を総合的にはからなければならないということである。食糧危機は、家計への圧迫は当然として、栄養面に対しても大変なインパクトを与えており、サハラ以南のアフリカではこの4年間で貧困児童の割合が一気に3倍から4倍にも跳ね上がったとされる。「子供の権利」を掲げて開発途上国の支援を行っているユニセフの立場からすると、昨今の食糧危機は、グローバル・ネットワークの中でようやく貧困から抜け出しつつある国々の足元を根底から揺るがす文字通り危機的な事態であり、この20年程の間に築いてきた子供に対する福祉と保護の政策が一気に崩壊しかねない。同センターでは特に深刻なアフリカに的を絞って、政策評価と将来予測を行い、赤信号がついた国に対して重点的に施策を提言している。

蛇足ながら、この児童研究センターが、フィレンツェの中心街にあるブルネレスキの名作「捨子孤児院」（オスペダーレ・デッリ・インノチェンティ）の建物内に設けられていることをつけ加えておこう。この社会福祉施設こそが、ルネサンスの幕開けを告げる最初の建築であり、当時のフィレンツェ人の高い見識を示すとされる。15世紀に建設された孤児院が、現在、同じく子供の問題を扱いながら、グローバルな目的の国際研究所となって用に供されていることに時代のめぐり合わせを感ぜざるをえない。

貧困の撲滅は、21世紀の最初の15年で達成すべき国連のミレニアム開発目標の第1に掲げられており、子供だけでなく開発途上国のすべての人々に関わる根本的な問題である[45]。同じミレニアム開発目標の第2の課題となったのが、「普遍的な初等教育の達成」、つまり小学校への完全就学ということである。「2015年までに、すべての子どもたちが、男女の区別なく、初等教育の全課程を修了できるようにする」ということで、どの国でも優先的にこの課題に取り組んでおり、2010年あたりから各国で中間報告が出始めている。

ここで、「就学率」の定義について一言説明しておかなければならない。小学校に入る年齢（学齢）は国によって若干異なるが、学齢に達して小学校に入学する割合を就学率という。この統計の取り方には、学齢到達期の年齢層（多くは6歳）で入学した児童のみを対象にするか、それ以

幼児を描いたメダイヨンが特徴的な「捨子孤児院」1421–27
現在はユニセフ・インノチェンティ児童研究センターとしても使用されている

上の年齢で入学した児童を含めてすべての入学者を対象にするかで異なってくる。分母は学齢にある年齢層の総児童数となるので、理論的には前者の最大値は100%となるが、後者はより年齢が高い子供も混じるので100%を超すこともある。素人目にわかりやすいのは100以下の数で扱われる前者の方で、単純化していうなら、同年代の子供のどれだけが学校に入ったかを示し、純就学率という。後者は粗就学率と呼ばれ、開発途上国のように年齢が上の子供たちも1年生として入学している割合が高くなると、100を超える数字を示すことも少なくない。

開発途上国の各種統計は、国民の実態が必ずしも政府の眼の届くところになく、またデータの根拠が不確実であったりするので、ある程度アバウトとならざるをえず、純就学率もその前提で眺める必要がある。それでも、この半世紀で随分と改善されたことは間違いない。世界平均で84%を超える水準に達している（2004）。しかし、一部の国では就学率がきわめて低いところがあり、サハラ砂漠のすぐ南を東西に並ぶ中央アフリカ諸国、そしてアフガニスタンからネパールに到るエリアが「問題回廊」である。最低線は、ジブチ（33%）、ニジェール（39%）あたりで、その上にエチオピア（46%）、マリ（47%）、エリトリア（48%）が別のグループをかたちづくっている。その遅れが何に起因するかは議論が分かれているが、国内に常に移動を繰り返す零細な遊牧民を大量に抱え、それゆえ子供たちに学校教育の機会がめぐってこないとする見方がもっとも説得力があるようだ。

高い塀で囲まれた学校　ジブチ

ユニセフの統計で就学率最低というありがたくない評価を戴いたジブチについては、先にも触れた。アファール系とソマリア系の遊牧民からなる人口80万人から100万人程度の小さな国である。人口を曖昧にいったのは、統計局は存在するものの、遊牧民の動きを正確には捉えておらず、またソマリアやエリトリアなど周辺国の紛争で難民の出入りが繰り返され、そもそもの人口統計があてにならないからである。分母となるべき国の総人口が確実でない分、就学率も正確とはなりえない。それでも学校に通う児童数の割合がきわめて低いという事実は疑いようもなく、世界でも最低水準にあることは間違いない。だが、紅海の入り口にあって世界の交通路の要所を占め、しかも人口規模が小さなこの国で、なぜそんなに就学率が低いのだろうか。国が小さければ統治もしやすく、国民が享受する便益も高くなるのが一般であるにもかかわらず、である。

そのあたりの問題は、植民地時代の遊牧民に対する統治の仕方に起因していると私は考えている。宗主国フランスは、紅海の入り口に立地する戦略地点として19世紀末にこの地域を領有し、仏領ソマリアを打ち立てて紅海対岸の英領アデンに対抗する。ジブチ港は地中海とアジアを結ぶ航路の結節点として繁栄するものの、住民の大半を占める遊牧民に対しては、ジブチの市域での居住禁止措置がとられていた。荷駄の運搬は許可するが、長く滞在してはいけないということである。一種のセグレゲーション（民族隔離）政策がとられていて、植民地総督は遊牧民マターには深入りせず、それぞれの部族長に特典を与えて間接統治を行っていた。1977年の独立後、市域とそれ以外の境界が取り払われ、遊牧民が大挙して町に乗り込んでくるようになった。その結果が、町の周縁部における広大なスラムの発生であることは先に述べた。

遊牧民の掟は厳しく、昔ながらの因習が今なお生きている。羊やラクダを追っていた男たちは、子供たち、特に女の子には学校は必要ないと今でも考えている。移動をしながら生活の仕方を覚えるのが習わしで、学校は役に立たないという。以前は市部以外に学校なるものは存在せず、一部のモスクで寺子屋的なコーラン学習が行われていた程度である。こういう場合女性が圧倒的に不利であり、水汲みや炊事などの家事労働だけでなく、女性に任された居住用のテント地の製作（木の皮を噛みほぐして繊維状になし、それを編んでつくる）など片時も手を休めることができない。現在の就学率を見る限りにおいても、女生徒の数は男生徒に対して7％も少ないのだ。

独立後のジブチ政府は教育省を設立し、学校教育の普及を優先課題に掲げてきた。とはいっても、遊牧民に最適な小学校のプロトタイプは存在しない。いきおい先進国モデルの適用ということになり、他の旧仏領植民地と同じくフランスの海外領土仕様にもとづいて教育制度や建築基準などを決めている。よくいえば、フランスの長年にわたる植民地研究の成果を反映したスタンダード・モデルが下敷きになって、ジブチ独自のスタンダード研究の手間を省くことができる。その反面、気温40℃を超し、木材資源が皆無であり、日本並みに地震が発生するこの国での最適モデルがどのようなものであるかの検証プロセスが欠け落ちている。教育省が定める小学校校舎は、テラス状の廊下に沿って教室が並ぶ単純な配置形式を旨として、耐震性能を得るために鉄筋コンクリートのラーメン（軸組）に合板の壁パネル、波形鉄板の屋根を取りつける。モダニズム的な箱型校舎のローコスト簡略版ということができよう。クラスは1学年1教室の6教室制となるケースが多い。それに教員室や校長室がつき、横に校庭が配される。プランニングとしてはしごく明快である。

特徴的なのは、この校舎と校庭を取り囲んで石垣とフェンスからなる厳重な囲いが取り巻いている点である。周囲が砂漠であろうとスラムであろうと、学校の敷地はクローズとなって、出入りは門番の管理する出入り口を経なければならない。その目的はずばり防犯である。先にも指摘したように、スラム地区では「略奪」型の材料調達がごくあたり前に行われているため、そのような略奪者から学校の建築物や資材を守ることが絶対に必要なのである。従って、門番の役割は重要で、鞭と杖を振りかざし居丈高な振る舞いで怪しい人間を追い払うことが日課となる。誰もが自由に出入りできるオープンスクールなどという概念とは程遠い現実が横たわっている。

学校建設はこうした校舎、校庭、囲いの一式をつくることに他ならない。耐震性の高い鉄筋コンクリートの構造が求められるので、コストはきわめて高い。逆にいえば、必要な学校数を確保するためには相当の資金を用意しなければならない、ということだ。外国や国際機関の援助がなければそれを賄うことができない。しかも、遊牧民の子供たちにきちんとした教育を授けるためには、子供たちを学校が預かって教育を行うボーディング・スクールの形式がよい。家族や家畜とともに移動していれば、小学校に入学したとしても続かない。身ひとつで十分であるから、家から離れて小学校に住み込んで授業を受けるようにさせる必要がある、ということだ。少なくともジブチの教育省はそのように考えている。全寮制となると、宿泊棟や食堂といった施設を余計につくらなければならない。ただでさえ学校が足りないのに、こうした施設をつくり人員を配置するとなると、もう完全に教育省のキャパシティを超えている。だから学校計画は絵に描いた餅となって、ジブチだけでは何も進まない。宗主国の仕様にもとづいて高いスタンダードを設定したことが仇になって、予算がともなわず、その分実現が遠のいてしまったということだ。就学率はなかなか上がらないが、それでも仕方がないという空気が国全体を覆っている。

新校舎の逆説　南スーダンでは

このジブチの状況と対照的な事例として、南スーダンの小学校を参照してみよう。スーダンでは南北の民族対立から20年間にわたって激しい内戦が続き、戦場となった南スーダンは行政から教育に到るまでの社会を維持する仕組みが根底から崩され、機能しなくなっていたが、それでも集落単位では学校をまがりなりにも運営してきている。内戦が終結した2005年の時点で就学率は推定で30％まで落ち込んでいたが（それでもジブチと同水準である）、それから4年後の2009年になると72％まで回復した[46]。復興のスピードとしてはかなり速いといってよい。

実際に南スーダンの村を訪れると、その理由が理解できる。そもそも村落単位のコミュニティのあり方がジブチのアファールやソマリア系の部族社会とはまったく異なっているのだ。最大部族であるディンカ族の集落を訪れると、村の中心にキリスト教の教会が建ち、住民たちによってきれいに掃き清められている情景が眼に飛び込んでくる。小学校も村のコミュニティの中心としての意味合いをもち、PTAが機能して学校の維持に貢献している。ディンカの世界は、牛の放牧と農耕を併せもつ半農半牧生活にあり、乾期には牛とともに移動するので半分は遊牧型である。しかし、20世紀の前半から宗主国であるイギリスの国教会がこの地域の布教に力を入れ、北部のイスラーム勢力との対立に後押しされて住民の大半がキリスト教徒（スーダン聖公会＝ECS）に改宗した。どの村にも茅葺きの質素な教会が建てられ、住民は熱心に礼拝に参列する。学校建築も中央政府のスタンダードは鉄筋コンクリートの仕様であるが、その適用はフレキシブルで、予算がなければ（つまり海外の援助がつかなければ）、住居と同じ方式の茅葺きの小屋を並べて建て、それぞれを教室にあてて小学校として用いている。出生率が高いため、ひとつの学校で500人から1000人の児童が集まり、1学年1教室（小屋）ではとても収まりきらない。2部制となし、さらに溢れた生徒に対しては木の下での青空学級も辞さない。こうして見ると、就学率の回復に貢献したのは、ハード優先の校舎建設数を先行させる発想ではなく、既存の集落のあり方を敷衍《ふえん》した学校運営に対する努力の賜物といってよい。住民のコミットがきわめて大きいのである。

こうした柔軟な発想ができるのは、イギリス統治時代に布教活動を通した地域コミュニティ形成がなされた結果であるといってよい。ナイル河上流地帯はハルツームのイスラーム勢力にとってもエチオピア高原のアムハラ政権にとっても空白の地であり、原住民のディンカ等の黒人部族はもっぱら兵士や奴隷の供給源としてのみ認知されていた。そこに進出したイギリスが民族対立を巧みに利用してこの地域をキリスト教化したということであるが、フランスと違って教会を間接的な統治の機構としたところに安定した村落の生成の秘訣があったようである。実際には家畜の所有をめぐる部族間の対立が存在し、殺戮《さつりく》をともなった襲撃が現在でも行われているが、それでも学校の敷地に囲いをつくるようなことはしない。

地域コミュニティの形成の仕方が鍵である。相互扶助的な関係が住民の間で持続している限り、学校の運営はおおむねうまくいっている。しかし、最近、外国の援助機関にサポートされた中央政府の介入が強くなると、逆にメンテナンスを含めて学校運営に対する参画の度合いが低下するとの報告が出始めている。そのメカニズムは以下のようなものである。

首都ジュバの教育省ではアフリカ各国の学校基準に従って、厳しいスタンダードを定めている。

土着の茅葺小屋にのっとったウトコロのスーダン聖公会教会（上・中）
および小学校（下）　南スーダン、ジョングレー州

国土のかなりの部分がナイル河の湿地地帯に位置し、軟弱地盤に耐えるために基礎も構造も鉄筋コンクリートか鉄骨の頑強なものでなければならず、新規の校舎は耐用年数20年以上の恒久建築たることを義務づけている。内戦からの復興ということで、各国の援助団体が小学校の建設を行うようになり、どれも政府の基準にもとづいて重厚なつくりの建築となった。机と椅子がそなえつけられ、ジブチと同じような方式での学校施設計画である。ここに逆説が生じる。農村で生まれ育ってきた当の子供たちは地べたに座り込んで授業を聞くことに何の抵抗もないが、逆に立派な机と椅子が備わった校舎になると、その使い方がわからないのである。行動が荒っぽくなり、器材を大切にしようとする心がなくなる。机の天板や椅子の座板を壊しても気にしない。教師や親もそうで、当事者意識が失われ掃除すら行われなくなる。「村の学校」（小屋）が「公共の学校」（RC校舎）となった途端に、それまでの自然な行為が公共への阻害因子に変わってしまう。子供たちのイメージマップ調査をすると一目瞭然であるが、彼らの日常世界の範型（祖型）になっているのは村の教会であって、それも茅葺きで内部に土のベンチを配したひどくヴァナキュラー（土着的）な建築である。その範型を越える近代建築が登場すると、ミスマッチングが起こり、自分の世界のものではなくなるのだ。構造的には頑強なつくりであり、耐久性があるにもかかわらず、子供も大人もそれを受け入れず、校舎に対する攻撃的な行為（ヴァンダリズム）が始まり、学校の荒廃が進行する。

この現象は示唆的である。近代施設の運営についての訓練を受けていない遊牧的な地域社会が学校という新たな施設を受容する際に、その建築がコミュニティの祖型としてアンカー（定着）されるか否かが、施設計画の成否を握っている。中央政府なり援助団体なりの学校施設がお仕着せの学校であってはいけないのである。官製計画に見られる陥穽《かんせい》である。これを「新校舎の逆説」と名づけるとすれば、施設が「自分たちのもの」から「お上のもの」へと属性が変わることによって環境維持に対する姿勢が根底から変わる。ヴァンダリズムの発生の契機はそのようなところにある。新しい学校が軒並み荒廃していくのに気がついた教育省は、その理由を「内戦による教育への意識の低下」と見なしているが、実際は開発途上国におけるコミュニティと学校に関わる、より本質的な問題を内包している。詳細な社会人類学的な調査が必要である。

ＯＤＡと基礎教育への援助のあり方

問題を整理するために、話を国際社会に転じてみよう。開発途上国への援助を各国がどのように位置づけているか、教育支援をめぐって国際間でどのような連携がなされているかについて、やや硬い話となるが、総論的に眺めてみる。

先進国の途上国援助は、第２次大戦間以前の国際秩序を支配した列強の植民地主義が解消され、アジア・アフリカに新興独立国が登場する1950年代から60年代にかけて、国連等の国際的な枠組みで始められている。その規模はこの半世紀で飛躍的に拡大し、OECD諸国による援助総額は1215億ドル（2008）にまで達している。平均して先進国の国民総生産の0・4％余りを開発途上国のために割くという計算になり、デンマークやスウェーデンなど北欧諸国の国家予算に匹敵する。地球環境問題が大きなテーマであったリオ・デ・ジャネイロでの地球サミット（1992）において、先進国の国民総生産の0・7％を途上国援助の目標値と定めたが、実態はなかなかそれにおよばないようだ。どの国もそれなりのポリシーを掲げて援助に取り組んでいるが、南北の差は依然として大きく、北の僅か1％の人間が世界の富の54％を独占するという厳然とした事実が相変わらず存在している。ここ最近BRICSと呼ばれる中国やインドなどの新興工業国の躍進がめざましいので、近い将来その差が大きく縮まることが期待される。開発援助に対する貢献の度合いからいうと、最大のドナーはアメリカで、ここ10年程の間に援助額がうなぎ上りに増えている。日本もバブル期を迎えていた1990年代は首位の座にあったが、今では経済危機の中で凋落ぶりが著しく、英仏独に抜かれて5位に甘んじることになった（2010）。

開発途上国の支援を行っているのは、ユニセフや世界銀行などの国際機関や先進国の政府に留まらず、NGO（非政府組織）や民間団体などのさまざまな機関、団体におよんでいる。従来、その中でもっとも大きな役割を果たすのが政府による援助とされてきた。「政府開発援助」と総称され、その略語「ＯＤＡ」は日常的に新聞等に記される基本用語の地位を確立している。日本政府がこの領域に足を踏み入れたのは、１９５０年代に遡るが、当初は第2次大戦の賠償を引きずってアジア諸国に対する円借款《しゃっかん》を始めたことが引き金になっている。その後の経済成長にともなって我が国の貢献は大きくなり、特に技術協力の面で日本人の特性を生かした援助の仕組みが確立されていく。職人的なものづくり、低予算での生産方式といったものが、開発途上国のニーズに合うのである。１９７４年の国際協力事業団（ＪＩＣＡ）の設立はその点で大きな意味をもち、途上国への専門家派遣、日本における研修などを引き受けて技術協力ネットワークを広げることに貢献した[47]。一般的に政府による途上国への援助（ＯＤＡ）は大きく「贈与」と「有償援助」に分かれている。前者は学校建設や技術研修などの特定の案件に対して資金や人材を無償で提供するもので、資金提供は「無償援助」、人材や技術の提供は「技術協力」と呼ばれている。後者は、開発案件などに対する資金の低利子貸付（円借款）で、当然返済の義務がある。贈与を担当してきたのがＪＩＣＡと外務省であり、有償援助を担当してきたのが国際協力銀行（ＪＢＩＣ）であったが、ＯＤＡを一本化するということで２００８年にＪＩＣＡとＪＢＩＣが合併し、外務省の無償援助もそこに統合されて国際協力機構（新ＪＩＣＡ）が発足した。

現在のＪＩＣＡの年間事業規模は1兆３９０億円（２０１０）と計上されているが、そのうち技術協力は１４８０億円、残りは有償、つまり返済義務のある円借款に割かれている。それ以外に外務省（ＪＩＣＡ実施分を含む）の無償が１５１０億円確保されている。ちなみに同年のアメリカにおけるＪＩＣＡともいうべき国際開発庁（ＵＳＡＩＤ）は総額１８８億ドル（約１兆３４８０億円）であり、事業規模でいえば日本とそう変わらない。ただアメリカは、それ以外にも途上国援助を手掛ける政府機関をいくつも抱えており、すべて事業を総合すると日本の２・５倍もの資金がこの方面に流れている。それに対して日英仏独は金額的にはほぼ同レベルを行き来している。国益優先型のアメリカに較べて、日本とヨーロッパ諸国は、程度の差はあれ国際協調型をめざしているが、日本の場合は贈与比率が相対的に低い。円借款を主として、現地に直接資金を委ねることが欧米よりも少ないということである。

教育に焦点を当ててみよう。ＯＤＡの中でも教育部門にもっとも力を注いでいるのはフランスで、ＯＤＡ総額の25％を占めており、他の国々を引き離している。フランスの援助政策の特徴はフランス語文化を核にして組み立てられている点にあり、仏語圏の開発途上国つまり旧植民地に対して仏語教育を施しながら人材育成を行うことが基本である。これにはフランス本国からの技術移転がたやすいというメリットがある。逆にアメリカやイギリスの教育支援はそれぞれのＯＤＡに対する割合が３％前後とかなり低くなっていて、仏語圏とアングロサクソン圏との援助政策の違いが一目瞭然である。日本はその中間というところだろうか（14％）。ただ、フランスと日本は高等教育と専門教育に特化していて、その国のリーダーたるべき人材と技術者の育成を対象にしてきた。それに対してアメリカはもっぱら基礎教育に的を絞っているので、両者の目標は大きく異なっている。

　ここ最近、日本の教育支援は初等教育にシフトしている。つまり、小学校での教育に重きを置くようになったのである。そのきっかけとなったのは、セネガルのダカールで開催された世界教育フォーラム（2000）で提唱された「ダカール目標」で、社会のボトムアップをめざして基礎教育の重要性を謳うことになった[48]。2年後の2002年に日本政府はそれにもとづいて「成長のための基礎教育イニシアティブ（BEGIN）」を採択し、正式に基礎教育の推進を打ち出した[49]。「世界人口の急激な増加により、世界には依然として1億1300万人の未就学児童と8億8000万人の非識字者がおり、その3分の2が女性であるという深刻な状況」を憂慮して、それまで行ってきた途上国に対する校舎建設、教育システム構築、機材供与、教員研修等の支援事業を強化し、初等教育を中心とした支援体制を築くことを公に宣言したのである。対象はサハラ以南のアフリカや南アジアの国々が中心となった。社会の底上げをはかるためにはひとりひとりの人間がそれなりの意識と知識をもたなければならない。それが持続的な社会の基本である。識字率を高め、就業機会を高めるためにすべての子供に教育の機会を、ということで、この方向は人道的な視点からもわかりやすい。中国などに見られるようなあからさまな利益誘導型の経済支援を行うよりも、教育に対する援助の方が国民や個々のドナーの賛同を得やすいという背景もあり、日本独自の道を模索するようになった。

我が国がこの方向を十全に実現するためには、ODAの技術協力部門を担うJICAだけでは目標達成におよばない。民間団体の参画が不可欠であり、官民挙げて途上国の小学校支援プログラムを練ることが求められる。そこで、国としては無償援助の枠組みを用いて民間への助成を拡大し（草の根援助など）、少しでも多くのNPOや援助団体が小学校建設や教育システムの構築を担えるよう、キャンペーンに努めた。この方策は確かに功を奏して、この10年の間にこの分野に多くの民間団体が参入するようになった。ちなみに、国の側に立つJICAは1985年以来、アフリカの22か国で2660校余りの小学校を建設してきたが、それをはるかに上回る数の小学校建設が可能となったわけである。

「アジア・アーキテクチャー・フレンドシップ」の場合

再び話を援助の現場に戻し、小学校建設の具体的な事例を紹介しよう。途上国でよく見かける学校は、ローコストを重んじるあまり無個性に陥っているきらいがある。ぎりぎりの条件で実施に移されるので、独自の計画論、設計論を展開するのは相当の努力をしなければならない。その中で、きわだった働きをして近年注目を集めているのが、ネパールを舞台として活動する「アジア・アーキテクチャー・フレンドシップ」（AAF）と名づけられた民間ボランティア団体だ。その名から窺える通り、建築関係の団体である。竹中工務店設計部の有志によって2000年に設立されたということで、まさに建築のプロ集団である。関西をベースとして活動を行っている。

活動の始まりは、竹中工務店がネパールからの研修生を受け入れたことにあった。竹中の設計部は職人的な気風と先端的なデザインを併せもつことで知られ、その仕事は我が国の建築界でも特に注目されている。彼らの建築デザインに対する関心は現代建築に留まらず、古くとも地域に根差した土着の無名な建築にまでおよび、業務の合間をぬってはそのような建築の「発見」に努め、議論を重ねていた。フットワークが軽く、国内だけでなく海外にも足を向ける。特に中国南部やチベットに点在する土の建築は強いインスピレーションを与えたという。地域性に根差したデザインへの志向は、ヴァナキュラーと呼ばれ、モダニズムに対する反動として1960年代から登場している。先に論じたハッサン・ファトヒの建築はその先駆けということができる。この潮流は世界各地で引き継がれ、昨今は環境論の視点も一体になってアジアやアフリカの村落や民家に想を得た設計論がエコロジカルな方法として高く評価されるようになっている。日常の業務では必ずしもそのような考え方を実践することにはならないが、ボランティアとして開発途上国に向かい合った時点で、長年にわたる蓄積が大きな意味をもつようになる。ネパールとの邂逅《かいこう》がまさにそうだ。ネパールの劣悪な教育環境を知れば知るほど、建築のプロとして何かを貢献したいとの気持ちが高まってきた。

ネパールはヒマラヤを擁する山岳国家であるが、100におよぶ民族構成、入り組んだ地理的区分、カーストの存在などが複雑に絡み合って、高等教育はおろか基礎教育ですら隅々まで行き届いていない。住民の非識字率が高く、就学率も１９９０年代から改善されてきたとはいえ、ＡＡＦが稼働を始めた２００１年の段階で男子は64％、女子ははるかに低い57％に留まっている。しかも1年も経たないうちに、入学者の半数以上が退学もしくは中退となる。その背景には、子供を労働力と見なして教育への理解が低い地域住民の存在がある。特に女子の就学率が低い。東大への留学経験のあるビレンドラ国王が治める伝統あるヒマラヤの王国（当時）ではあっても、険しい地形ゆえにインフラ整備は進まず、総じて貧困の度合いが高かった。マオイスト（毛沢東主義者）を僭称《せんしょう》するゲリラが貧困層を支持基盤として政府軍と各地で戦闘を繰り返していたのは南米アンデスの国々とよく似ている。

竹中の有志たちが対象地に選んだのは、カトマンズから西に１４０㎞ほどのゴルカ（グルカ兵で有名）からヒマラヤの奥地に入ったチベットに近いエリアである。その地シルディバスはマナスル峰を仰ぐ山間の村落であり、郡庁所在地のゴルカから曲がりくねった山道を車で移動した後、最後の40㎞は徒歩で峠を越える[50]。基礎自治体（ＶＤＣ）としてのシルディバスは人口２５００人余りとされるが、その実態は小さな集落が疎らに分散していて、我が国であるような村の中心地が存在するわけではない。ネパールの田舎は大体このようなもので、山の中に数軒から数十軒の単位で人家が散らばっている。学校に通うといっても子供たちは片道数時間をかけて歩くしかない。小学校建設予定地となったフィリム村は人口1000人に満たない集落で、生徒たちは地域一帯から集まってくる。以前、ドイツの民間団体が小学校建設に着手していたが、未完のまま放置されていた。この校舎を引き受けつつ、遠方の子供たちを宿泊させるボーディング・スクールのかたちで新たな学校計画が求められていた。

最初にこの地に足を運んだのは1999年の秋口である。まずは現地を詳しく調査し、郡庁やVDCの責任者と接触して、現行のネパールの教育制度の下で何が可能かを調べ上げた。シルディバスの地で候補に挙がったのはビンフェディ村とフィリム村であり、現地調査の結果、教育施設がまったくない後者での学校建設を決定した。ネパールでは小学校が5年制、中学校が3年制、さらにその上の高校は2年制となっていて、初等・中等教育のあり方は制度的にわかりやすいが、問題は義務教育が存在していないことである。就学率の低さは住民の問題であると同時に、学校数が絶対的に不足していることも大きな理由であった。学校建設をするのであれば、義務教育のなさを逆手にとって、小学校から高校までをまとめてつくるという選択肢もある。フィリム村は地域の地理的中心となりうる場所で、そこに一種の学校群を配置して、低学年から高学年までを収容することが望ましい。こうした点を踏まえて、同年12月に改めて現地ミッションを派遣し、敷地の実測、教育環境の詳細調査を実施する。この結果にもとづいてプロジェクトが立ち上がり、それにともなってボランティア組織の内容も固まり、2000年4月に「アジア・アーキテクチャー・

フレンドシップ」（ＡＡＦ）の名前を冠することが決まった。

フィリム村の学校群はそれから３年後の２００３年４月に竣工し、開校式を迎える。実質的にゼロからスタートしたことを考えると、結構なスピードであったといってよい。教育制度を睨みながら地域との絡みで最適な学校プログラムを計画し、そこから実際の建築計画・建築設計に入っていく。前に入った援助団体の失敗は、予算がなくなったということだけでなく、遠隔の地で地元住民を雇いながら工事を進めていくときの問題に対処できなかったからである。敷地が眼の前にあり、施工監理が容易であれば大した問題も起こらないのであるが、ヒマラヤの山奥となると、用意周到なロジスティックスを立てておかないと、計画が机上の空論に終わり、前の団体の轍《てつ》を踏む。ここからがＡＡＦの本領発揮であった。

ヒマラヤの学校建築

施設計画の中でも学校計画はカリキュラムや教育体制などのプログラムをはっきりと映し出す。言い換えれば、制度とカリキュラムがそのまま空間になる、ということである。各学年の計画人数に対応した教室の規模や数、理科や家庭科などの教科に対応した特別教室、生徒や物品の動きに対応した動線計画など、教育のソフト面と建築計画がパラレルであるといってよい。開発途上国においてもそのあたりは変わらないが、先進国と違うのは生徒数が不確かであるということで、非就学児童が一気に入学したり、退学者や留年者がきわめて多くなるといった問題が常に発生し、クラスの定員をどう設定するかが大変難しい。実際にゴルカ郡で学齢期に達した児童の数を調べてみると、ひとつのVDCあたり数百人の児童がおり、その約半数が学校に行っていない。しかし、地域の統計データから適正数を割り出していくという先進国の手法は通用せず、ここではある程度の余裕をもった教室を配して、そこに児童を「充当」していくという箱ありきのアバウトな手法の方が現実味をもつ。

このようにしてできあがったフィリムの学校群のプログラムはおおよそ以下のようなものである。

①地域のセンターとして小中高等学校を集め、小学校1年生から高校2年生までの10学年を収める。
②各学年に対応して教室ひとつを設ける。
③図書室、実験室等の特別教室は小中高で共用とする。
④食堂、厨房を設ける。
⑤教員は校舎敷地内に宿舎を設ける。
⑥フィリム村外からの児童を受け入れるため、宿舎を設ける。
⑦放棄された建設途上の小学校の建物を再利用し、それに加えて新たな教室群を建設する。

敷地はフィリム村の谷間のテラス状になった場所で、既に援助団体による学校建設が試みられ、未完成の校舎が放棄されている。この場所を拡張して学校群を開設する。急傾斜の斜面地であるため、土止めや擁壁などの土工事が必要である。これには地元の人間を雇用してあてることになる。10年制に対応した校舎、教員や生徒の宿舎をすべて建設すると予算がかなりになるので、1期、2期の工期を区切り、まずは9年（高校1年）までが学ぶことができるようにして、教員・生徒の宿舎は仮のものとする。計画段階のこのような話は現地での打ち合わせでとんとん拍子に進み、2000年の段階でかなり具体的なプログラムが決まっていた。

プログラムにもとづいて建築設計が進められる。その基本は、ローコストは当然として、地元の材料を有効活用し、地元民を雇用して工事が進められるもの、つまり重機を使うような構法は採用しない、ということだ。ここ一帯の民家を眺めてみると、石造が基本で、住民たちは多少なりともその技術を共有していた。ならば在来構法を用いればよい。そこで主体構造は組積造、つまり石の建築となし、構造材として必要なコンクリート等は最小限に抑えて輸送の手間を省く。石の精度を上げるためカトマンズから石職人を呼び、職長として地元民の指導にあたらせた。それでも小屋を架けるために梁材が必要で、これはフィリムよりも2000m上った山村で伐採した木をここまで人力で輸送して現場で加工した。この輸送に一番手間がかかったという。

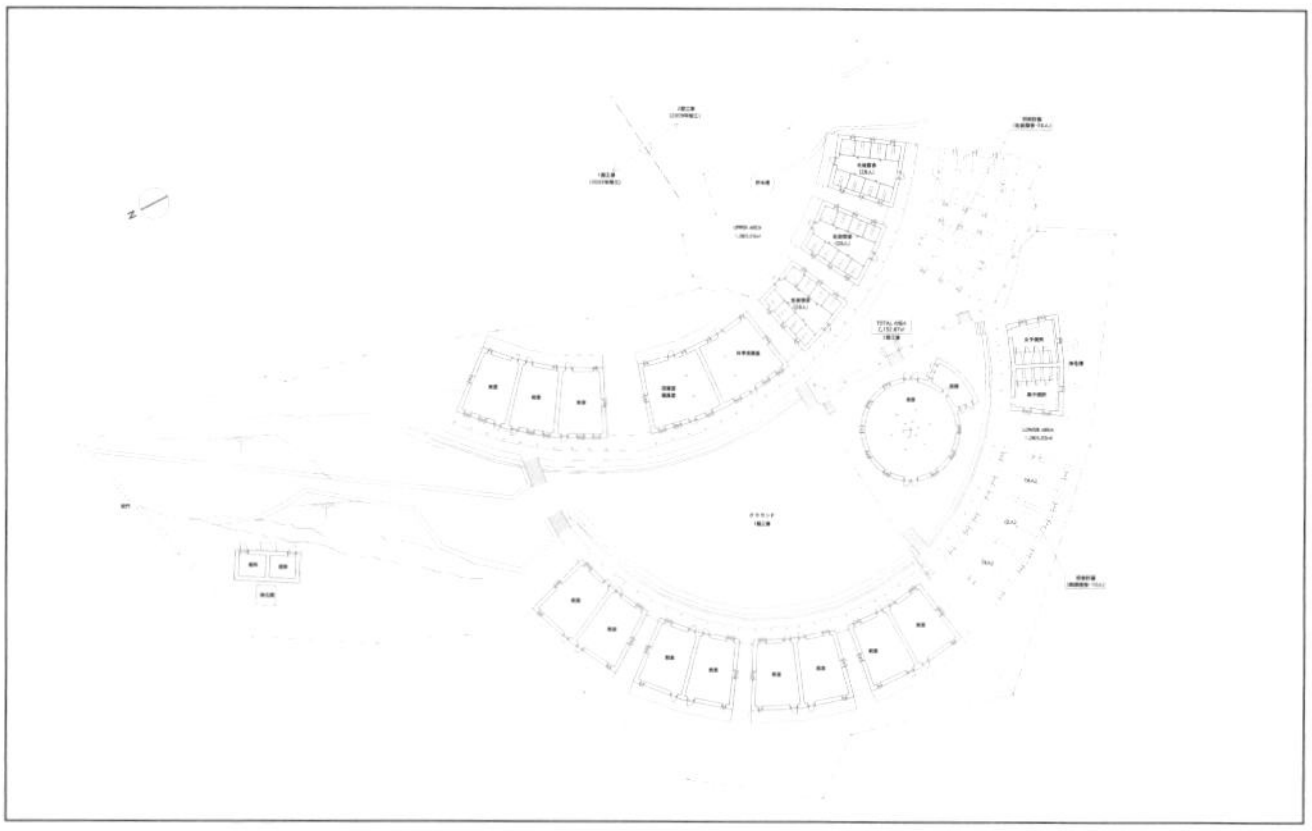

AAFによる「ブッダ・スクール」の配置図
ネパール、ゴルカ郡フィリム村 ネパール ©AAF

AAFによる「ブッダ・スクール」の全景 2001−03・2004−09 フィリム村 ©AAF

建築のディテールが決まり仕様が決められると、次は誰がそれを施工するか、その監理をどうするか、を決めなければならない。地元の職人集団を使うことはよいとして、それをきちんと指導しなければ、せっかくの設計が生きてこない。現地のプロジェクト・マネージャーを誰にするかがもっとも重要である。AAFのメンバーは日本で仕事をしているので、現地に足を運ぶことができるのは休暇中でしかありえない。普段は、現地のプロジェクト・マネージャーが日本と連絡を取りながら工事の監理を行う。これが曲者であった。

開発途上国でも建築教育は普通に行われている。しかしそのレベルにはばらつきがあり、日欧では普通の知識すら知らない、技術教育を受けていない、といった話がしばしば語られる。ネパールの建築教育は国立トリブヴァン大学でなされているが、それ以外の工業高校でも技術教育を受けさえすれば、卒業証書(ディプロマ)が建築技術者としての資格を保証する。よくあるパターンが、技術的素養が不十分でありながらプライドだけは高く、援助団体の仕事を行うときに欧米並みの給与を要求する。ネパールのようにカーストが存在する国では、現場が疎んじられ、専門家たるものは現場に行きたがらない。だから、工事の監理といっても、自身の経験の範囲でしかものが判断できず、援助団体から現場を任せられても、実際の作業がおざなりとなる。まさにこうした問題が発生し、AAFはプロジェクト・マネージャーを2回変えなければならなかった。

建設期間は2001年10月の地鎮祭から始まるが、マオイストの攻撃、労働者の賃上げ要求など予期せぬ出来事が発生する。何度かの工事中止を余儀なくされ、さらに監理者の交代などを経て、1年半後の2003年4月に竣工する。不安定な政情を考えれば、むしろ結構なスピードであったといってよい。しかも、建築のできとしても地元の期待を裏切らない学校であり、フィリム村だけでなく周辺各地から児童が集まった[51]。その成功に後押しされて翌年には2期工事が始まる。10年制に対応させて教室を拡充し、さらに教員、生徒の宿舎を完成させることがその目的である。ネパールの政情はさらに混乱し、王政支配が後退してマオイストの力が増すようになり、入域ができないこともしばしばであった。その分、工事に遅れが出て、2009年の竣工まで6年を要した。時間はかかったが、学校として他に例を見ないほど完成された形式をとり、広域的に児童を受け入れることができるという意味では「モデル校」としての役割を十分に果たしている。学校の名前は「ブッダ・スクール」とされた。

「ブッダ・スクール」のデザインは秀逸である。月型になったグラウンドを挟んで小中学教室棟と高校教室・特別教室棟をそれぞれ弓型のプランで配置するかたちとなり、北欧の学校建築を思わせるデザインとなった。屋根を片流れとなして室内の圧迫感を取り払い、同時に高窓が均一な光を導き入れて児童の勉強に資するようにした。地元の凝灰岩の粗い仕上げがテラス状の敷地の縁をかたちづくる。地形に沿った配置が生み出した有機的な空間である。日本の贅沢な学校建築を見慣れた眼からすると、シンプルで土に溶け込んだデザインとなり、語の本来の意味で土着的な建築ということができるだろう。

このプロジェクトを動かす上で資金的なバックとなったのは、民間ボランティアを対象とした外務省の草の根資金であり、その不足分を埋める個人の寄付であった。工費は物価の高騰などもあって当初の予算を上回ったが、その都度、ＡＡＦのメンバーが走りながら資金を集め、地元にも負担を求めるという、いうなれば自転車操業的な資金調達が功を奏し、竣工に到ったといってよい。日本からの小学校建設のプロジェクトは沢山あるが、ソフト面でもハード面でもここまで地域性にこだわった例は希少である。メンバーたちの職人性が海を越えヒマラヤの山奥まで伝わった稀有な例といえそうだ。第2期工事に際しては、地元のＶＤＣが資金負担を決めて、積極的に学校建設に参画するようになった。お任せではなく、みずからの学校をつくるという意思が共有されるようになったのである。中央政府と援助団体からなる「公共の学校」から再び「村の学校」へと戻ったといえるだろう。

学校計画は、校舎の竣工によって終わるわけではない。むしろ入学してくる児童たちに質の高い教育を施し、楽しい学校生活を持続させていくところにその本質がある。２００３年の校舎竣工で２０７名の入学生を迎え（外部からは32名）、その後、確実に数を伸ばしている。注目すべきは、地元が学校建設の資金負担を行うようになり、ボランティアを含めて村人たちが積極的に学校建設と運営に参加するようになってきたことである。この学校建設と並行してネパール各地で小学

AAFによる「ブッダ・スクール」校舎建設時の様子　フィリム村　©AAF

校の整備が進み、就学率は飛躍的に向上している。２００７年には男子87％、女子83％という具合だ。マオイストの支配地域の拡大、王政から共和制への移行など政治的には激動の時期であったが、土着の村人たちはカトマンズの政争から距離を置いて日々の生活の充足を願い、それを確実に成し遂げてきたのである。

AAFによる「ブッダ・スクール」教室内部　フィリム村　©AAF

東日本大震災に際した避難所の住まい方

町が沈んでしまった

2011年3月11日午後2時46分。このとき、仙台沖約130kmで発生した大地震が巨大な津波を引き起こし、15分後にはその第1波が沿岸に到達した。高さ10mを超える、宮古市では40mまで上がった大津波が太平洋沿岸の諸地域を繰り返し襲い、波間に飲み込まれた人の数が2万人に達し、破壊された住宅は21万戸に上る。全地球規模で瞬時に配信されたその強烈な映像は世界の人々を震撼させた。時速100kmにもおよぶスピードで押し寄せる津波の破壊力は想像を超え、検死によると死者の97%が津波によるとされた。

津波は一定の期間をおいては日本に押し寄せる。その点からいうと、日本人の日常生活の延長に津波の影が見え隠れしているといってもよい。有史以来最悪の被害を出したスマトラ島沖地震（2004）による大津波は犠牲者総数で東日本大震災の10倍を数えたが、インド洋一円に広がっていたことを考慮すると、東日本の海岸に限られた今回の津波被害は地点別の被害の度合いにおいて実質的にそれと同レベルである。実際、三陸地方と津波は切っても切れない関係にあり、明治三陸地震（1896）、昭和三陸地震（1933）、チリ津波（1960）など数十年に一度の割合で巨大津波に襲われてきた。その点だけを考えれば、今回の震災も当然予想されてしかるべきものであり、それなりの備えと訓練も日常的になされていたが、多くの人間が語るように「想定外」の災害が発生したのである。とはいえ、この説明をそのまま受け止め、「想定外」という文言のもつ運命論的な諦めにも似た感情にすべてを委ねてよいのだろうか、という素朴な疑問が頭をよぎる。専門家を責めるわけではないが、どこまでが人間の力のおよぶところで、どこからがおよばないところなのか、改めて問うてみたい気持ちになる。

英語圏でも仏語圏でも津波のことをそのまま「ツナミ」と呼ぶ。それだけ日本は津波被害が多発するということで、日本語の国際化とはいってもあまり名誉な話ではない。それでも現実は現実である。地震が比較的少ないヨーロッパでは、津波の数もおのずから限られてくるが、それでも1755年に発生したリスボン大地震とそれにともなう津波は衝撃的であった。リスボンだけで2万人から6万人ほどの人間が命を失ったといわれる。その当時、学術用語としてのツナミは存在せず、人々は迫り上がった海面がうねりながら押し寄せてくる様を「ラ・ド・マレ」（渦潮）と呼んでいた。これがヨーロッパ人にとってのトラウマとなり、当時の啓蒙思想家のヴォルテールは「何もかもが可能な宇宙の中にことのほか見事に整えられたこの世界において、何ゆえに永遠の無秩序と不幸に満ちた混沌とが現実の苦しみの合間のかりそめの快楽と混じり合って存在するのか。無垢なる者も罪ある者もどうして同じ不幸を被らなければならないのか」（『リスボンの災禍をめぐる詩編』）と記してその不条理を呪うのであるが、同時に神の摂理といった運命論ではなく天災や不幸を人類の危機の問題として捉える眼も有していた[52]。まさに想定外の未曾有の天災が起こったのであるが、その意味するところについて識者の間で論争が起き、結果的に天変地異に対して人間の冷静な判断と対処を促すことの必要性が認識されてくる。今日の欧米人が天災に対して結果を受け止めるだけでなく、前に向かって果敢に対応していこうとする思考の背景には、この頃からの人間性に対する深い思索が宿っているわけで、防災技術の面では圧倒的な蓄積を誇りながらも人間の可能性についてはやや消極的な日本とは対照的である。口が滑って「天罰」と叫び、後ほど謝罪会見した知事が東京にいたことを考えると、災害に対する思考に奥行きが欠けていることが一目瞭然である。

この大地震のメカニズム、つまり太平洋プレートが北アメリカ・プレートの下に大きく潜り込むかたちで引き起こされたとする説明は、常日頃、地震の危機を教育されている日本人にはわかりやすい。この地殻変動が揺れを生み出し、断層や亀裂を発生させるわけであるが、揺れの程度以上にその規模をイメージするのは意外と難しい。ところが、今回は地殻変動の規模が甚大で、国土地理院によると宮城県牡鹿半島で東南東に5・3m、下に1・2mの変動が観測され、また海上

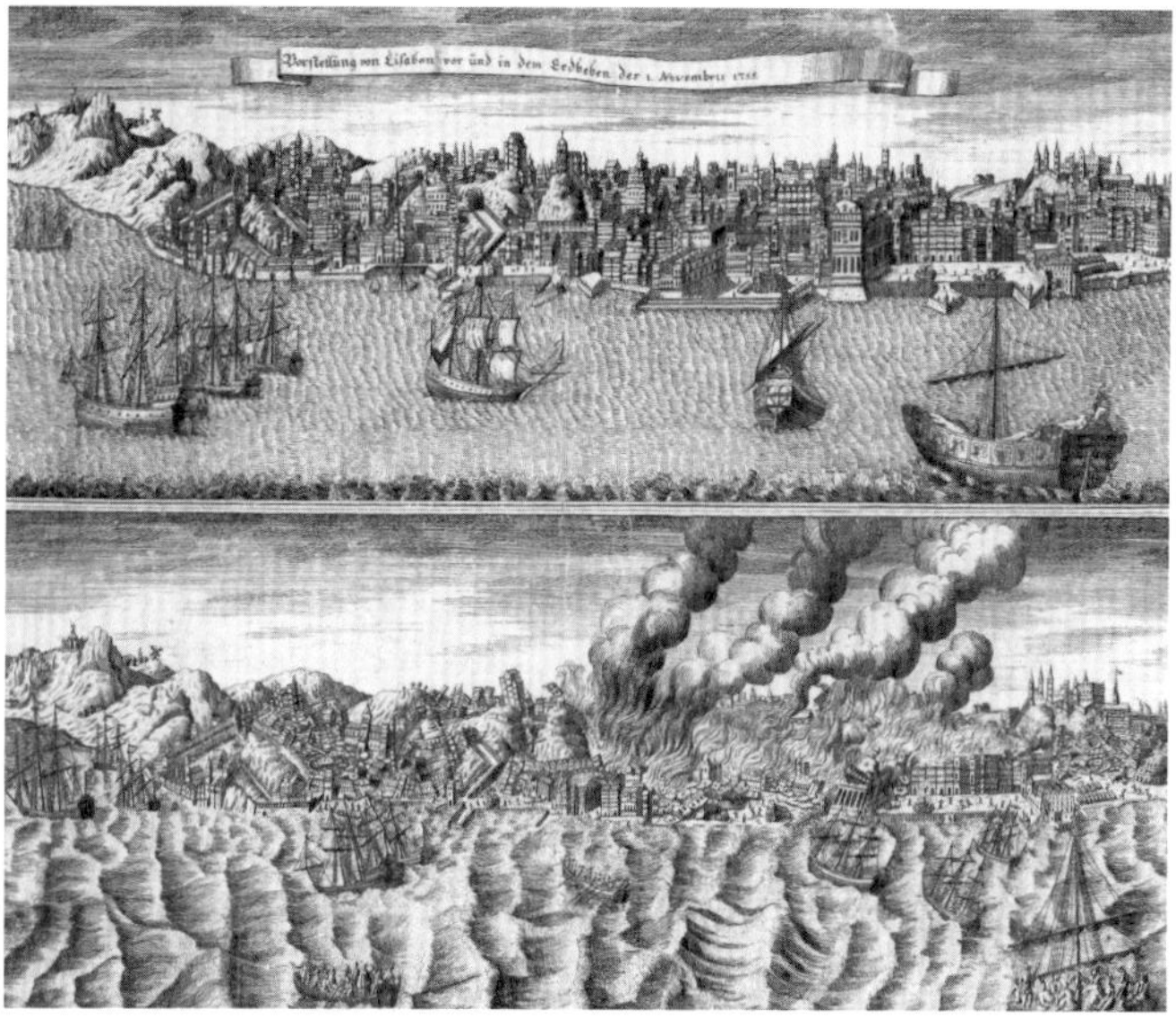

リスボン大地震（1755）を描いた当時の版刻画
上は地震前、下は地震と津波に襲われた情景

保安庁の調査によれば震源地近くの海底では24mの移動が起こったことが確認されて、国土のかたちが変わってしまうというおまけがついている。地震による断層で土地の形状が大きく変わる話は多々あるが、これほどまでに土地が移動したケースは観測史上皆無である。早い話が、東北地方太平洋岸の土地が大きくずれ、さらに沈下してしまったのである。このことはGPSによる位置情報の測定だけでなく、実際に自分の眼ではっきりと確認することができる。港だったところが軒並み水面下に沈み、海水域が町の中まで迫るようになったという事実がそうだ。その昔、アレキサンドリアが地震で海に沈んだと伝えられるが、海の中に僅かに見える埠頭やクレーンの残骸などを見るにつけ、歴史書に記録されている地震に沈む町とはこのようなことだったのかと、背筋の寒くなる思いに駆られる。

震災は過疎地型であった

16年前の阪神淡路大震災に較べると、今回の震災に対する国や関連機関の動きが迅速であったことは間違いない。国も各自治体も神戸を機に災害対策を進めた結果、地域差はあるものの相当細かい防災計画ができあがり、即座に対応できる体制が整っていた。3月11日当日、地震発生にともなって首相以下閣僚たちも国会答弁を休会となし、すぐに防災モードに切り替えて官邸から指揮を執る体制を整えた。神戸のときの首相官邸の体たらくを知っていれば、それがいかにスピーディであったかはよく理解できる。仮に福島の原子力発電所事故が引き起こされていなかったとすれば、今回の初動体制は国際的にも大いに評価されていたに違いない。

自衛隊の活動も目立っていた。防衛省の災害対策本部は地震発生後わずか4分で、つまりまだ揺れが続いている段階で設置され、知事からの災害出動要請もその直後に入ってくる。2日後には派遣規模を10万人体制に拡大し、マニュアルに従って統合任務部隊（タスクフォース）を編成して一元的に全国の部隊を動員することとなる。世界で繰り返し放映された仙台海岸部に押し寄せる津波の映像は偵察用の自衛隊のヘリから撮られたもので、それが首相官邸にもオンラインで実況されていた。災害救助は最初の2日間が勝負であり、陸路が寸断される中で、海からの救援を含めてその動きは迅速であったといってよい。施策に対するアンケートをとると、国会や首相官邸のその後のもたつきが低く評価される分、自衛隊の評価はすこぶる高い[53]。

津波による被災地域が関東から北海道までの800kmにおよんだため、救助活動は困難をきわめた。水に浸かった地域の中で自宅に取り残されたり、高い建物に上って難を逃れたりした人々が到る所で救助を待ち、自衛隊が1万6000におよぶ人々を安全な場所に移すのに丸2日がかかっている。この間の避難者の数がどれだけであったかは、実質的に統計が取れない状況なので新聞情報も朝日新聞が60万人、読売新聞が40万人強と、各社で数字がまちまちであるが、その数日後には40万人台に推移していくので、全体で50万人ほどではないかと推測される。この中には首都圏でオフィスや街角に取り残された人々、つまり帰宅難民はカウントされていない。

被災した人々が逃げ込んだ避難所は東日本一帯で2400か所。「災害救助法」にもとづく「収容避難場所」に対応し、ともかく屋根のある一時的な身の寄せどころである。大規模なものは郡山の「ビッグパレットふくしま」のような国際見本市会場で2000人規模、小さなものは集落単位の公民館などで数十人規模となる。一般には大型施設が転用されたように思われているが、津波が過疎地の集落を多数襲ったので、小振りの避難所の方がはるかに多い。この点が神戸のときと異なるが、加えてインターネット時代の只中にあって、TwitterやGoogle、Facebookの類が大活躍して、避難情報をインターネットでいち早く伝えていたことも時代の特徴であった。

地震の規模から、東日本大震災は阪神淡路大震災と比較されるが、被災地のタイプは仙台の一部を除いて過疎地型が大半であり、むしろ北海道南部を津波をともなって襲った十勝沖地震（2003）や山古志村《やまこし》（現在は長岡市）が壊滅的な被害に見舞われた新潟県中越地震（2004）に近いといってもよい。災害のカテゴリーに入る「震災」は地震の地質学的・物理的な特性ではなく、被災地の人的かつ社会的な特質によって左右される。その意味で、神戸のような都市直下地震ではなく、過疎地型の震災は、主として山間に散らばる中小の集落が広範囲で被災し、避難の仕方や交通インフラの復旧、その後の復興にあたっての計画手法などは独自の方法論が必要とされる。

何よりも高齢化率が高く、老人、特に女性の高齢者の数がきわめて多いのが特徴である。全国の高齢化率平均22・3％（2010）に対して、陸前高田市は30・8％、大槌町は31・8％、女川町は34・1％といった数字からそれを読み取るのはそう難しいことではない。

中越地震を体験した長岡市の森 民夫市長が真っ先に被災者受け入れと被災地支援を表明し実行に移したのは、単に森市長が全国市長会の会長という立場にあるからではなく、中越地震の救援と復興に際して、長岡市のスタッフや市民が相当の経験を積みノウハウを蓄積したとの自信があったからに違いない。長岡という被災地ではないところに避難所ができるのは奇異に感じた人もいたようであるが、むしろ被害を受けていない元気な地域がバックヤードとして被災者を受け入れ、世話をする方が適している。事実、北海道、新潟県、長野県など遠方の地域に多くの避難所が開設され、市の関係者がその運営にあたっている事実を知っていただきたい。

避難所とボランティア

避難所の運営は避難者によって自治的になされることが原則であるが、常識的に考えて着の身着のまま避難してきた被災者にその場ですぐに避難所の運営に携わる余裕などありえない。そこで少なくとも初動の体制は自治体が関与して行うのが一般的とされ、その実行部隊は地元の社会福祉協議会に任される。通称「社協」と呼ばれるこの団体は、本来、福祉団体の取りまとめ役として自治体単位で設置されている横断組織である。社会福祉法では、その組織のあり方を「その区域内における社会福祉を目的とする事業を経営する者および社会福祉に関する活動を行う者が参加」するものと規定し、広く住民一般と社会福祉活動を結びつける役割を果たすことが求められている。通常その予算は自治体が拠出することになっているので、要は役所の外部機関的な位置づけということだ。役所の匙《さじ》加減でコントロールができるので、役所にとっては便利な団体である。この社協に災害時の避難所運営を委ねるのが大概の自治体での不文律となっており、常日頃から災害時に備えてマニュアルがつくられている。

社協が避難所運営の実質的な責任者となるのであれば、そこに集まってくるボランティアたちを仕切るのが社協の下に時限的に設置される「災害ボランティアセンター」である。このセンターは各地から駆けつけたボランティアたちのコーディネートを主たる任務となし、具体的には避難所運営の補助、介護・障碍者の支援、炊き出し、物資の配布・仕分け、泥かき・片づけ・瓦礫除去、託児所での子供たちとの遊び、老人の話し相手、仮設住宅への引っ越しといった仕事を集約して日毎にボランティアたちを斡旋し、ボランティア活動の効率的な運用をはかる。誤解を恐れずにいえば、日雇い斡旋の「手配師」と、各地との連絡業務を行う「呼び屋」とが同居した組織である。今回の震災では東北・関東などの6県77か所に設置されている。

災害時の自治体は、神戸市がそうであったように多くの職員が被災者となることが想定され、避難所に避難した住民の細かいケアなど行う余裕はない。それゆえ、避難所の生活を成り立たせるためにはボランティアの支援が欠かせない。食事の手配、住空間の設営、各地から送られてきた生活物資の仕分け、各地とのコミュニケーションなど、日常生活の維持のための支援活動を多くのボランティアの手を借りて行わなければならない。阪神淡路大震災の折には全国から延べ130万人におよぶボランティアが駆けつけてきたが、受け皿ができていなかったこともあって、その調整や効率的な運用ができなかった。本来頼るべき自治体も被災者となっていて、とてもそこまで手がおよばなかった。そのことが教訓になって、震災発生から1年も経たないうちに、災害時のボランティアの活用が国家的課題として浮上し、政府の防災計画にも具体的に取り込まれるようになる。

「災害ボランティアセンター」の始まりは国の指示によるものではない。自発的な動きからであった。1997年1月にロシア船籍のタンカー、ナホトカ号が福井県沖で重油流出を引き起こした際、その清掃作業に延べで27万人を超すボランティアが集まり、その膨大な数の人員を調整することが求められたのがきっかけである。震災で活躍した神戸のNPOが主体となり、地元の青年会議所等の協力を得てセンターが設置される。その後、北海道有珠《うす》山の噴火（2000）、新潟県中越地震（2004）などの災害時に地元の団体を核にボランティアセンターがつくられるようになり、

2000年代の半ばを迎える頃には災害時のボランティア調整の仕組みとして一般的に認知されるようになっていった。ボランティアを動かすためにはそれなりの活動資金が必要であり、センターを設置するとなると、活動を保証するためにそれなりの資金を即金で用意しなければならない。それを可能にしたのは、2000年の社会福祉法の改正にともなう「災害準備金」の制度である。従来、都道府県単位でしか運用できなかった赤い羽根募金（中央共同募金）で集められた資金を、都道府県を越えた共同資金として活用できるようにしたのである。この弾力的な措置で、いざ災害が起こったときには地元となる自治体や社協も当面の活動資金を心配することなく、災害ボランティアセンターを即座に設置することができるようになった、ということである。

こうして東日本大震災のときには、避難所運営に社協が活躍し、災害ボランティアセンターが各地に出現した。これまでに時間をかけて「ならし運転」をしてきているので、対応は速かった。とはいっても、問題がなかったわけではない。東日本大震災の規模がきわめて大きく、被災範囲が広いため、社協の職員も被災者であることが少なくなかった。避難所に住みながら避難所運営をすること自体は、自治を旨とする本来の避難所の趣旨に合うものだが、その苦労は相当のものである。また、役所の延長にある機関特有の縦割りの思考があり、マニュアルを越えて発想することが不得手であるという面も兼ね備えていた。避難所は基本的には万人に開かれているので、特に最初の頃は奇妙な支援団体も結構な数で入ってくる。新興宗教とか政治結社とかいった類の団体である。こうした団体に睨みを利かし、同時に語の本来の意味におけるボランティアに対してはきちんと対応しなければならない。避難者の健康管理も大きな課題である。実際、避難所暮らしの中でストレスが溜まり、400人を越す高齢者が死亡した。医師や看護師の手はいくらあっても足りない。マニュアルがありながら、突発的な事態の方があたり前の現場で、日々発生する膨大な仕事に対処するだけでも心身ともに消耗し尽くしてしまう。

避難所の中の住空間

各地に開設された避難所は当初避難者で溢れかえっていた。数の上で眺めてみると、最初の1週間の避難者は総数40万人台を数えたが、その後、週単位で減少を始め、2か月後には10万人程度にまで落ちている。ところが、その後があまり動かない。数が少なくなった分、長く持続するという点で「ロングテール」現象が起きているのである。この現象を理解するのはそう難しいことではない。実際の建築被害と対応させてみると、住民数10万人に死者・行方不明者2万人を加えた数と全壊住宅4万戸とが符合する。つまり、この数字に表される人々は住む家を完全に失って避難所以外に暮らす場所がない人々であり、水や電気が遮断されて避難所生活を余儀なくされている人たちとは条件が異なる。緊急支援の後に徐々にではあるがインフラの復旧が進むようになり、自宅が残っている人たちは家に戻り始める。しかし、自宅を失った人たちは帰る場所がなく、仮設住宅の完成を待たなければならない。仮設住宅への入居が可能になって初めて避難所の滞在者数が10万人から減少する、ということだ[54]。

各自治体と協定を結んでいるプレハブ建築協会の動きは速かったが、今度は神戸とは事情が異なっている。阪神淡路大震災の項で説明したように、仮設住宅を供給するためには工場の増産体制を敷かなければならないが、大きな問題に直面した。それぞれのメーカーが東北に有している工場が軒並み被災したのである。その結果、合板の40％、断熱材のグラスウールの40％等が生産不能に陥った。その復旧には約2か月から3か月がかかっている。最大手の大和ハウスでは、関西圏の奈良、堺、三重の工場をフル稼働させてそれぞれの部品を製造し、被害をそれほど受けなかった東北の大崎（宮城）工場にそれらを集めてアセンブリーを行う体制を敷いた。フランスのサンゴバン社傘下にあるマグ・イゾベール社は我が国のグラスウールの40％のシェアを有するが、茨城県明野（下妻）の工場が被災して操業停止に追い込まれ、寒冷地仕様ゆえに断熱材を欠かすことのできない東北各地の仮設住宅の部品供給に足止めをかけることになった。

三陸海岸の市町村は、リアス式海岸の狭隘《きょうあい》な平地に市街地を展開させ、その多くが津波に襲われている。平坦な土地が少ないため、将来の復興住宅地はおろか一時的な仮設住宅の土地を確保するのも一苦労であった。面倒な借り上げ手続きが必要ない公有地が優先され、学校用地、公共

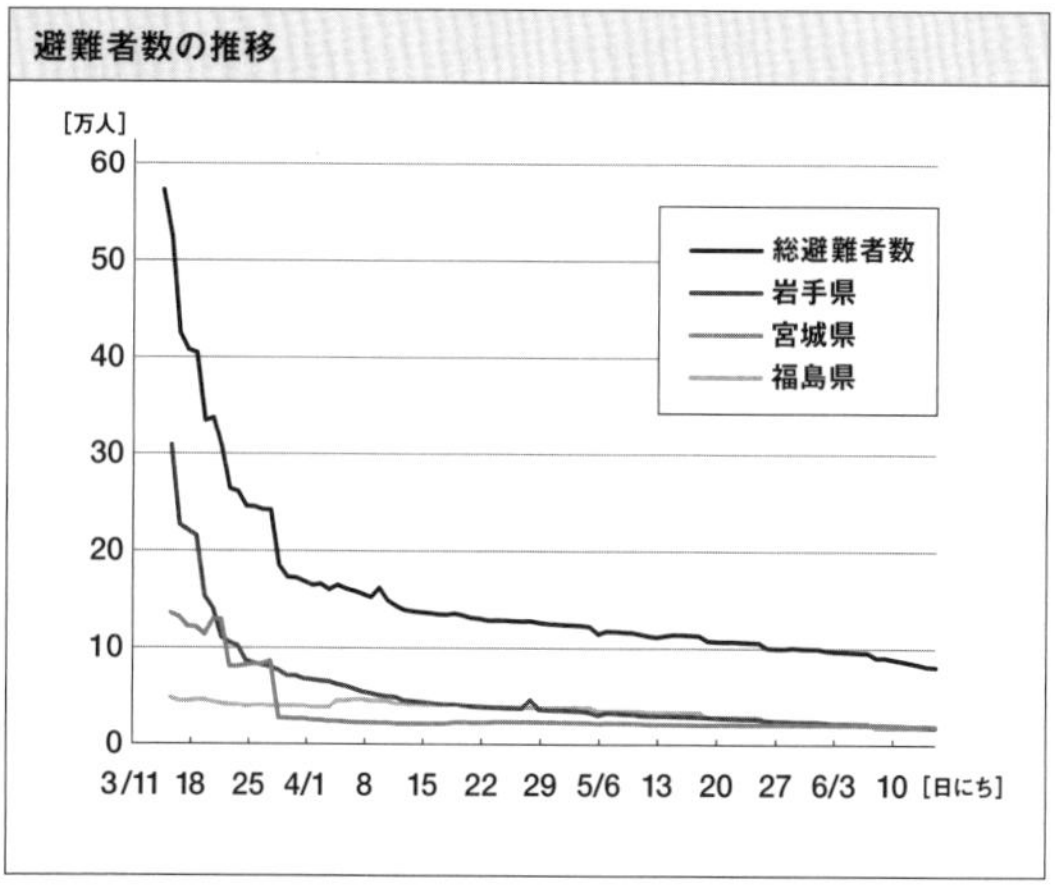

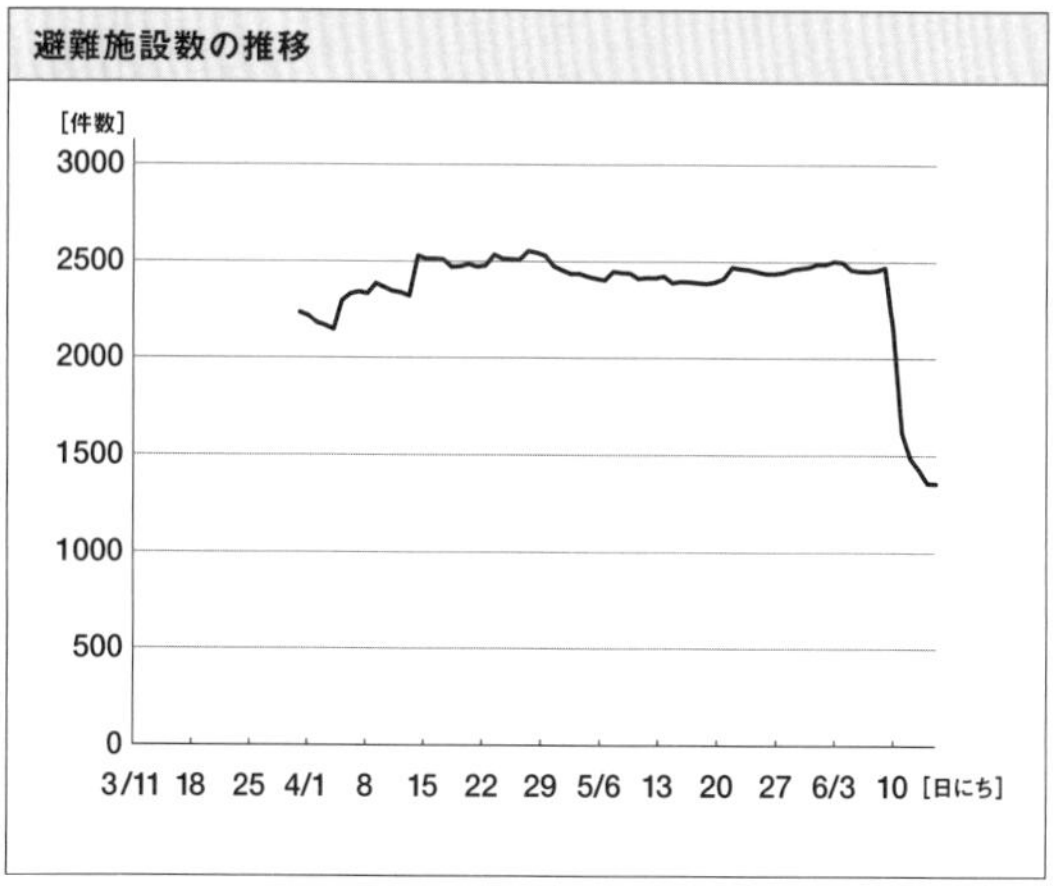

東日本大震災における避難者数（上）と避難施設数（下）の推移
（警察庁発表データによる）

施設用地、公園など、ともかくあいている土地に仮設住宅を建てる算段をする。中にはバイパス建設用地といったものもあるが、市の中心部からほど遠い山間の土地となっているので、好んでそこに入居したいという避難者はいない。ともかく、資材供給と用地確保という面から、仮設住宅の確保は遅れがちとなり、当初の8月末で7万2000戸の建設という目標が大きく翌月にずれ込んでしまった。その分、避難者は避難所の中で過ごさなければならない。

避難所に逃げ込んだ人たちは、多くが津波に追われるようにして着の身着のままでそこに居つくことになった。親族や友人を亡くした人も多く、心のケアも大きな問題だ。その人たちに与えられたスペースは平均してひとり畳1畳から2畳分くらいの場所で、ともかく狭い。やがて救援物資が届くようになると衣類、寝具、生活用品、食器、整理用ケースなどが持ち込まれるようになる。いきおい居住スペースは物品で覆われ、狭い空間がさらに狭くなる。多くの避難所では社協が段ボールを用意して、それを仮の間仕切りとなして、「各戸」の領域が段ボールで区画されるようになる。そのメカニズムはかつて東京新宿の地下街に起居していたホームレスとまったく同じであり、床に段ボールと毛布を敷き、周りを申し訳程度に仕切って自分の居場所をつくる、ということだ。それ以上の進展はない。生存のための基本要件としての衣食住のうち、「衣」と「食」はボランティアの力を借りて、相当程度満たされているにもかかわらず、「住」への配慮が欠落している。避難所すなわち、屋根のついた「収容避難場所」に入ったということで、住が確保されたと

東日本大震災における避難所内部　岩手県大槌町 2011　©Voluntary Architects Network

いうことなのだろうか。しかし、当の避難所は元来住むための場所ではなく、体育館や多目的ホールでだだっ広い空間に板敷かタイル仕上げの床が敷かれているだけである。

社協のマニュアルには住空間に対する配慮はほとんど記されていない。本来がせいぜい数週間を最大とする避難所暮らしが前提となっているので、「屋上、屋を架す」ならぬ「屋内、屋を建つ」愚は避けるというのが基本らしい。また住まいを確保するというのは最低でも数か月を要するという思い込みもある。つまり、避難所管理者にはこのような場合の住空間という想像力が欠落しているといわざるを得ない。そうでなければ、避難者にホームレス同様の住まい方を強いるようなことはなかっただろう。ボランティア制度や救援物資のロジスティックスは大きく進歩したにもかかわらず、避難所での生活環境は1950年代の伊勢湾台風の頃からまったく進化していないのである。

仮設の間仕切りを設置すると

以上のような避難所でのおよそ非人間的な生活に対して、何らかの環境改善を試みる者はいなかったのだろうか。災害のたびに避難行動を繰り返していたにもかかわらず、行政、仮設住宅メーカー、設計業務のプロからそのような声が上がらなかったのは事実である。既成観念に捉われた職能の限界であったというべきだろうか。確かに、避難所の中をいじっただけでは仕事にならない。

自治体からの受注があってこその仮設住宅であり復興住宅であり、それ以上、業界としては深入りしないという暗黙の了解があったというのはいい過ぎだろうか。

しかし、市民社会の成熟は予想以上に進んでいる。東日本大震災に際して、住環境に関する新たな提案が多くのプロフェッショナルから出るようになった。東北地方をベースとする建築家たち、企業に勤める専門家集団、メーカーの技術者などで、いろいろなチャネルを通して、避難の仕組みそのものを変えようとしている。その最右翼が建築家坂　茂《ばんしげる》である。先に紹介したように、阪神淡路大震災の折に公園で野宿するベトナム難民に対して「紙のログハウス」をデザインし提供した経験こそが彼にとっての緊急時の応急仮設住宅支援の原点であるといってよい。以来、一貫して災害時の被災者の住環境改善の試みを行ってきている。巨視的に眺めれば、彼の主導する「建築ボランティア」も災害ボランティアと同根である。神戸の地震をきっかけとして一般に共有され、社会的な大きな運動として根づいていったということだ。坂　茂は、神戸でのボランティア活動の後、世界各地の主要な災害に際して必ずといってよいほど復興支援に立ち会い、その内容を進化させてきた。トルコ地震（1999）では合板による復興住宅を、スマトラ沖地震（2004）に際しては、スリランカ南部の漁村に日乾煉瓦を用いた復興住宅をそれぞれ実現し、さらに四川大地震（2006）では、中国人ボランティアとともに小学校を含めて地域の再建を果たし、さらにハイチ大地震（2010）の折にはテントによる仮設シェルターを提供してきた経緯がある。

当然ながら、災害の種類や規模によって被災者を取り巻く状況はまちまちであり、彼らの生活維持能力も千差万別である。同じ応急住宅といっても方法はその都度異なっている。インドのように、被災した村落に対してコミュニティを復活させ維持する方向で仮設住宅が計画され、それがそのまま復興住宅となっていった場合もあれば、首都ポルトープランス一帯が全面的に崩壊するというハイチの激甚《げきじん》災害ゆえに、生存の場の確保を最優先したケースもある。ただ、日本での活動は、そうしたやり方と一線を画している。通常、先進国では救援・支援の体制が制度的に整えられており、日本のように仮設住宅の制度がそれなりに整備されている国であれば、被災者に緊急かつ適正に住環境を提供するという目的は、むしろ避難所内での生活環境改善に的を絞って考えるべきであろう。ホームレス的な暮らしを余儀なくされている被災者に、明日の住まいではなく今日の住まいを確保することが第一義的に必要なのだ。それが坂　茂をして紙管による仮設間仕切りの開発に踏み切らせた理由でもある。彼はこの間仕切りをPPS（ペーパー・パーティション・システム＝紙の間仕切りシステム）と呼び、災害ごとにプロトタイプを一新して事に臨んでいる。

PPSを開発するにあたって前提とされたのは、災害という非常時に各地から集まるボランティアたちによって短時間に大量に組み立てることができ、大量に発生した避難者に最大限の「安心と安全」を提供しうるシステムということである。そのため、以下の目標が設定された。

①避難所を対象として、大量の避難者を受け入れることができ、同時に個々のプライバシーを確保できるシステムであること（避難所における居場所の確保）。
②熟練した職人ではなく、普通のボランティアが、短時間で組み立てることができること。具体的には、数人で10分以内でつくることができるようにする（施工の容易性）。
③どのような状況、つまり新規に組み立てる場合も、すでに「ホームレス」的に住んでいる場合にも、簡単に組み立てることができること（施工のバリエーション）。
④避難者の事情に応じて、どのようなサイズにも対応できる空間とすること（空間のフレキシビリティ）。
⑤災害発生にともなって部品の調達と加工ができ、短時間で避難所まで輸送できること（明快なロジスティックス）。
⑥避難者が仮設住宅に移った後に、簡単に撤去が可能で、再利用可能であること（材料のリサイクル性）。
⑦支援者からの寄付をベースとして資金調達をはかるため、徹底してローコストであること（低価格性）。

ＰＰＳのシリーズが始まったのは、山古志村が壊滅的被害に遭い被災者が長岡市に移住して避難所生活を行った新潟県中越地震（２００４）が最初である。ここで屋根つきの居住ユニット「ＰＰＳ－１」を提案するが、避難者たちがその閉鎖性を危惧したため、翌年の福岡県西方沖地震（２００５）で厚段ボールを利用したパネル式ユニット「ＰＰＳ－２」に変換される。こうした経験をもとに、２００７年には坂研究室の本拠である慶應義塾大学湘南藤沢キャンパスが位置する藤沢市の防災訓練において紙管を柱・梁にし、布をカーテンとした開閉可能なユニット「ＰＰＳ－３」ができあがる。東日本大震災ではその第4番目のバージョン「ＰＰＳ－４」が提案される。以前のものよりもはるかに単純明快となった。避難者の生活空間を、ホームレスまがいの床上の段ボール区画から壁をともなった立体空間に変換する、ということである。そのために紙管を木造建築の軸組にあたる柱と横架材（梁・桁）として用いるようにした。初めてこれを眼にした人は、あまりの単純さに少々驚くかもしれないが、構造とデザインを単純化することほど難しいことはない。ここでは紙管部材を3タイプのみに限って、その組み合わせで自由な大きさの居住空間をつくることが基本とされた。長さ2mの柱管（内径96㎜）と2～2・5mの梁管、それにジョイント用の紙管（内径49㎜）の3種であるので、仕分けも簡単である。これらを立体格子状に組み立てた後、梁管に布地を渡してカーテン（仕切り）となす。この作業一式は慣れてくれれば10分で済む。価格は紙管1本が３００円程度、布は関連企業からの寄付でまかなうため、1ユニットの材料費は

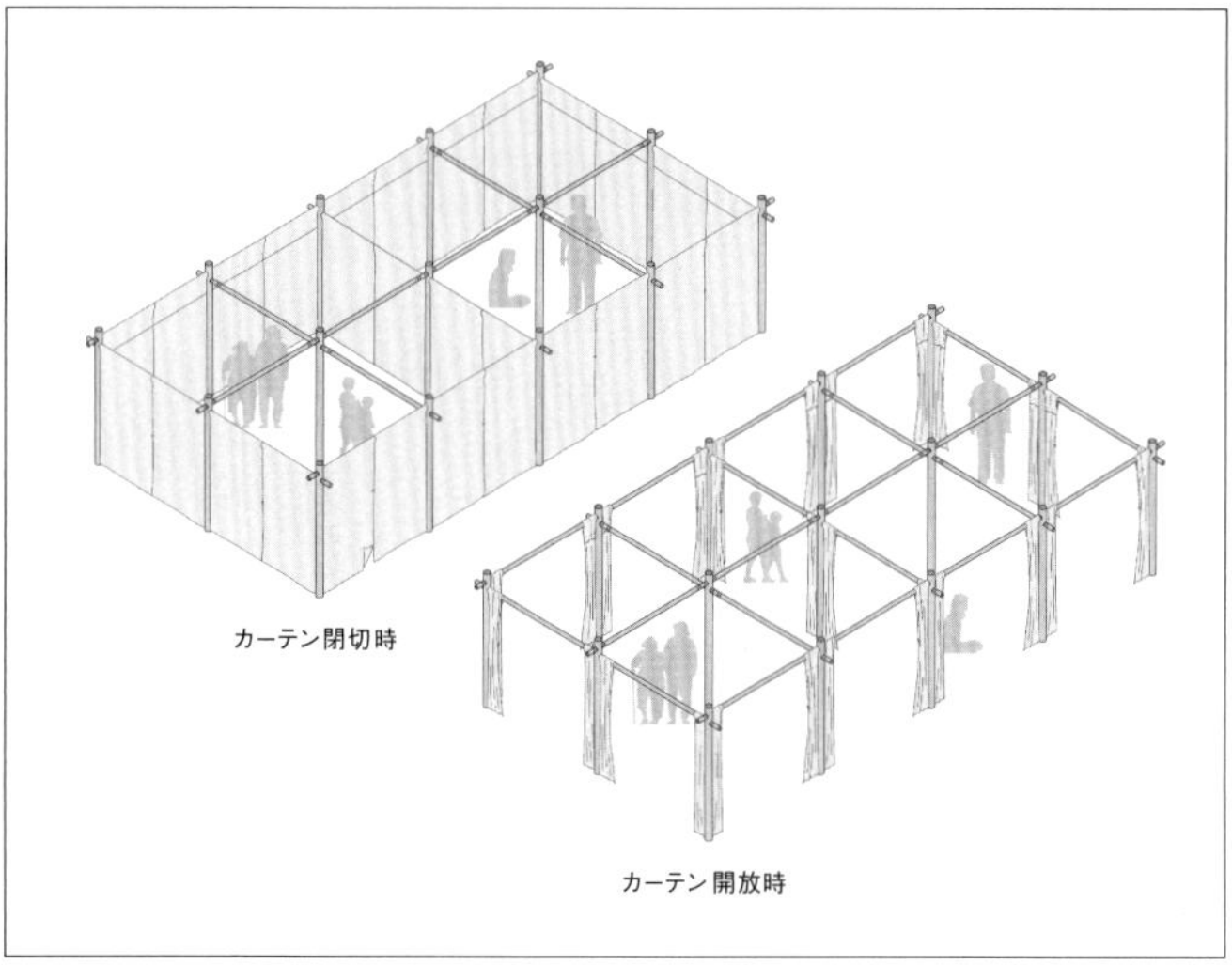

坂　茂＋VANによる「PPS-4」の立体図（アクソメ図）2011　©Voluntary Architects Network

3000円程度となる。究極の限界デザインといってよい。

巡回設置による居住空間の整備

坂 茂の生活は多忙をきわめる。東京、ニューヨーク、パリと事務所を構えるために1か月に1回の割合で世界一周を行い、各地の現場を見て回る。その忙しい彼が、なぜこのように多くのPPSを設置して回ることができるのかを不思議に思う人がいるかもしれないが、それには独自の仕組みがある。PPS設置の主体となっているのは、阪神淡路大震災の折に結成されたVAN(ボランタリー・アーキテクト・ネットワーク)という組織である。法的にはNPO法人となっていないが、それが各地からのボランティアを糾合《きゅうごう》して、現場の設営にあたる。

スマトラ沖地震以来、VANの事務局を預かるのは慶應での坂 茂の教え子である原野泰典である。インド洋大津波の復興計画でスリランカに渡り、長らく当地をベースとして計画設計業務を行ってきたが、いざ災害が発生すると坂とともに世界のどこにでも飛んでいく。四川大地震の際は、北京にて事務所を構える建築家の松原弘典と協力しながら、倒壊した小学校の再建という大仕事をやりおおせた。その彼がそれまでの救援活動をテーマに博士論文をまとめているときに東日本大震災が発生したのである。災害は人の都合などお構いなしに勃発する。この先原野の博士論文が世に出たときに、それが被災地を回る車や列車の中で執筆されたことを思い起こしていただければ幸いである。

ＰＰＳの設置は、原野を始めとするボランティアに多くを負っている。建築のプロとは限らず、人間の輪の繋がりで一緒に作業をするようになった人たちが多くいる。普段は仕事をもったボランティアが時間を割いて集まって行うため、短い時間で効率よく作業が進まなければならない。また、実際に居住者がいる場合、その人たちの邪魔にならないというのも重要である。それゆえに、各避難所をボランティアを乗せた車で回り、それぞれ数時間で間仕切り設置を完了して、２〜３日間で５〜６か所の避難所でＰＰＳ設置を行うのが効率的である。その巡回設置（ミッション）を繰り返して、広範囲に散っている避難所に対して段階的に作業を行う。ボランティアへの呼びかけは自由なボランティア・コミュニティを前提にFacebookで行う。このような場合、ＳＮＳ（ソーシャル・ネットワーキング・システム）は大変有効で、坂 茂のグループに限らず、多くの震災ボランティアがこれを活用して作業を執り行ったことが報告されている。

かくして地震発生から２週間後の３月24日には第１回目のミッションが動く。この時点では、避難所の住人も管理者もＰＰＳのことは何も知らされていない。という以上に、地域での被害状況の把握や関係者の安否確認や連絡等に追われていて、仮設間仕切りの話など知る余裕もない。それゆえ、ＶＡＮグループはそれぞれの避難所でＰＰＳの設置デモンストレーションを実施して、その「需要調査」を行うことが主眼となった。坂 茂みずからが管理者を説得し、デモンストレーションの「許可」を得る。避難所の一隅でPPS組み立てを行い、その一部始終を被災者に見せて実際にそれを必要とするかを尋ね、その数が一定数以上であれば1週間後の設置を約束する。PPSの営業であるが、むろんすべての費用はVANもちである。その場で意思決定をしながら物事を進めていく体制は、設計現場というよりは軍の工兵（自衛隊では施設科という）の仕事に近いという評価もある。

初回の宇都宮の避難所から始まり、長岡、山形と、半日単位で移動して、3日間の行程を終えると、すべての避難所から「注文」があり、総計300ユニットのPPSが必要となった。早速埼玉県の工場に紙管を発注し、それに穿孔作業を行って、対象となる避難所にあらかじめ搬送する。4月2日には次のミッションが動き、今回は100人単位のボランティアを集めて、「注文」数を一気にこなすのである。その一部始終はFacebookで配信され、さらに多くの賛同者を得ることになった。こうして3か月間に49か所の避難所でPPS設置が行われ、1870ユニットが提供されたのである。くり出したボランティアの数も延べ500人となる。

早い段階でPPSを設置した避難所では、避難者の所持品が少なかったこともあり、設置作業中はフロア全体をいったん片づけて更地状態となし、その上に規則的にPPSを配置していくことが可能であった。都市計画になぞらえれば新規の分譲地のようなもので、全体がきれいなグリッド・パターンに収まる。紙管の柱が規則的に並び、布のカーテンがそれぞれのユニットを仕切る様はむ

ボランティアによる
「PPS-4」の穿孔作業 宇都宮
©Voluntary Architects Network

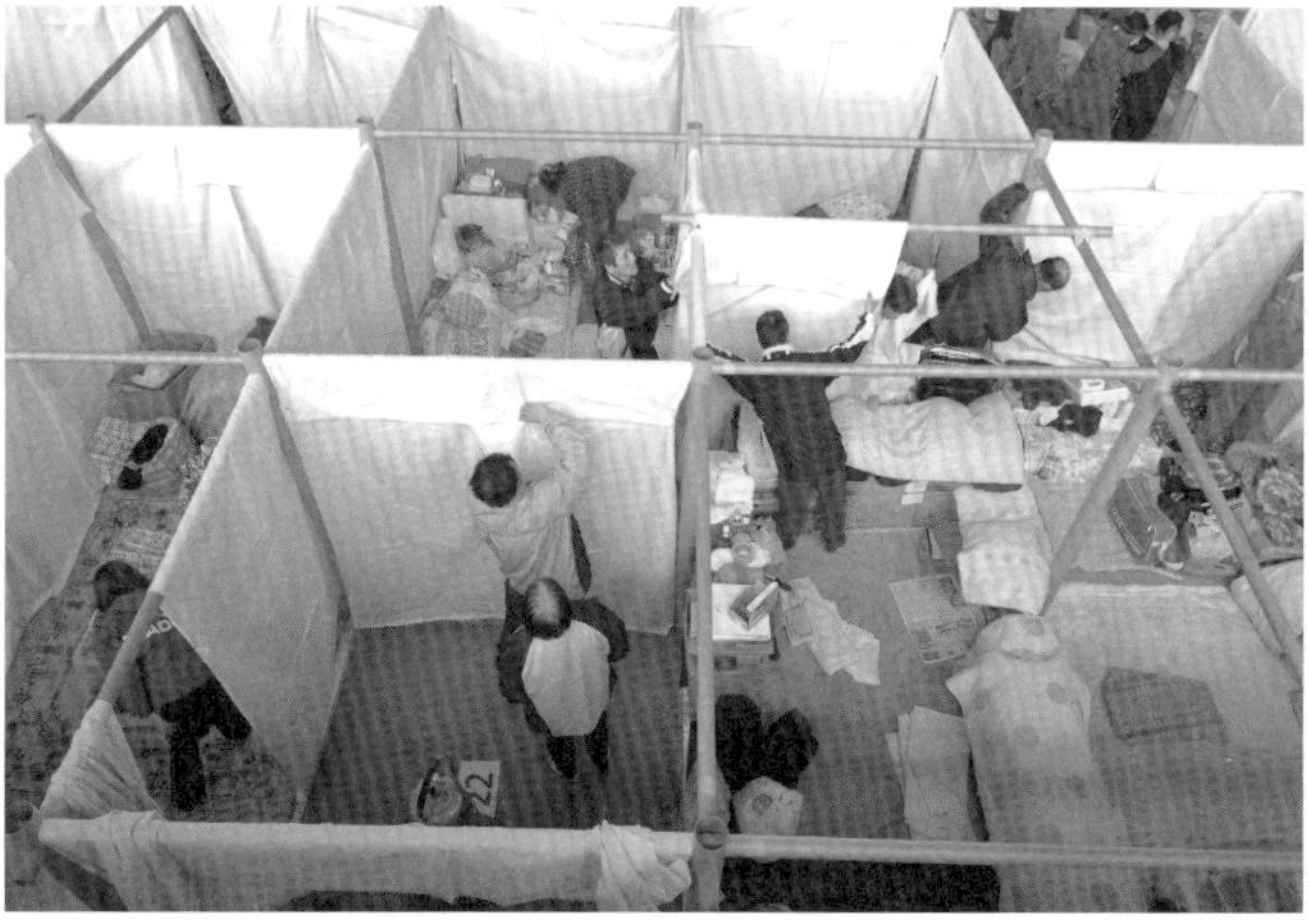

ボランティアによる避難所における「PPS-4」の組み立て 大槌町
©Voluntary Architects Network

しろ病室の配置といってよいかもしれない。ところが、時間が経つにつれて避難所内の「定住化」現象が起き始め、個々人の区画の中は物品で溢れるようになる。そのため、PPSの設置にあたっては「再開発」が必要になる。居住者が占めているスペースを尊重しながらも、それを今一度規則的に整え、通路や空きスペースを確保することが求められるので、まさに「区画整理」である。このようにして床上に雑然と広がっていた居住空間が、立体的な「集合住宅」に生まれ変わるのである。こうなると居住者も住まい方を考えるようになり、避難所によってはみずからベッドや椅子などの家具をつくり、床上に座り込む生活から解放されるようになる。部屋ができあがったといってよい。PPSがきっかけとなって居住性への意欲が湧いてくるということで、文化人類学的に見ても大変興味深い。

生存のための装置

これまで見てきたように、PPSは基本的に間仕切りであって、応急住宅の類とは異なる。従って、一般の建築物に要求される構造や設備的な性能は度外視して設計を行うことができる。つまり、一時的な用途に向けられる室内仮設工作物ということなので、10年も20年ももちこたえる耐久性が必要なわけでもなく、雨風を遮る屋根や壁も求められない。その意味で、法規にがんじがらめ

「PPS-4」設置後の避難所 大槌町 2011　©Voluntary Architects Network

になっている建築物よりははるかに御しやすい「建物」であるが、その建物が人間をどのように救い、どのように元気づけるのかという点から眺めた場合、見方が大いに異なってくる。つまり、通常の建築にはない「生存のための装置」という考え方が前面に出た方式なのである。

災害に際してかろうじて逃げおおせた人たちに対して差し伸べられる公共の手は、多くの場合、手続き論が先行して、なかなか納得できるものにはならないという。前例主義の悪弊はなくなってきたとはいえ、奇妙なまでの「公平性」にこだわるあまり何もしない行政の硬直した思考法に辟易した人も少なくないはずだ。義捐金の配分が遅れているのも同じ理由だ。医師や宗教者であれば、人々に施す身体や心に対するケアに分け隔てがあるわけではないが、役所の対応は本質的にリスク回避の傾向があり、的確な判断を求められる緊急時の対応に際して判断保留の態度が問題をさらに深刻化させた例は枚挙に暇がない。

ボランティアは本来的に自由な個人のアクションである。阪神淡路大震災の頃に較べてはるかに進んだネットワーク型の社会に後押しをされて、人々は自由に社会活動に参画し、お互いに助け合う。ただ、意地悪ないい方ではあるが、ボランティアの必要性を痛感したさまざまな公共団体がそれを過度に制度化し、ボランティアを扱う役所、さもなければ外郭団体をつくり、そこで再びリスク回避型の動きを始めているところに新たな問題が発生しているようだ。東日本大震災で動いたボランティア総数が、神戸のときよりも少ないという事実が、そのことを物語っている。

誰からともなく「ボランティア自粛論」が出始め、管理されたボランティアに限るといった論調がジャーナリズム等で喧伝されるようになってきた。

その点から見ると坂　茂の発想は、まさに自由な個人の行動力を下敷きとするものであった。海外生活が長いということではなく、人間ひとりひとりの意思を重んじながら人間性に向かい合うという基本的な線がその考え方を支えている。大震災の救援活動を始めるにあたって坂　茂が新聞に投稿したメッセージは大変わかりやすい。

「決して背伸びする必要はない。得意なこと、好きなことを生かして、できる範囲の手助けをしようと。ピアノが弾けるのならば、困難を乗り越える勇気を音楽で伝えることができる。阪神淡路大震災で被災した神戸の長田区では、床の高い仮設住宅への出入りに苦労していた高齢者のために、大工たちが踏み段を作った」[55]。

単純なことであるが、このひとりひとりの善意の積み重ねこそがボランティア社会の基本である。VANの活動はある種の技能ボランティアで、住まいや建築に関する専門的な技能をもった人間たちを中心として成立し、災害があれば世界のどこにでも飛んでいく。こうした技能は国境を越えて共通言語となり、それゆえに人々の連帯の輪をつくり上げる。職能人すなわちプロフェッショナルなボランティアは相互に連携を取ればきわめて大きな力を有することになる。しかし、ボランティアのプロフェッショナル化については気をつけなければならない。制度論、手続き論が横行して、いい方は悪いがボランティアの小役人化が起こってしまい、せっかくの人々の善意の意思を摘み取ってしまいかねないのである。

災害ボランティアは、人々の生と死に向かい合い、破壊された環境を目の当たりにするという点でボランティアの中でももっとも苛酷な分野である。VANの活動は、人々が生き続けるための力を与え、場所を構築し、技術を提供することを大きな目的としてその輪を広げてきた。職能人としての気概をもちつつも、人間の本質に立ちかえって、星の王子さまがかけがえのない価値を置く「バラのために費やした時間」の意味を嚙みしめたい。眼には見えない価値が人の数だけあって人々の絆は不動のものになる。地球時代の人間社会に向けた箴言《しんげん》といえるだろうか。

結論　「限界デザイン」とは

本書の狙いは、極限的な状況下において成立する人間の住まいや関連施設の計画やデザインのあり方について広く眺めてみるところにある。文明論的な視点から考察し、近現代におけるその方法論についての比較検討を行い、さらに今日のいくつかの事例に的を絞って論を進めてみた。こうしたデザインの方法は、通常の住宅設計や施設設計とは異なる。人々の最低限の生活を保証し人間としての尊厳を守るものとして無駄を省いたミニマムな空間を追求すると同時に、限られた資源を有効に用いて、その価値を最大限引き出すことが目的となるのだ。従って、そのデザインの特質も従来の設計論から大きく逸脱する。人間性に迫るという点で、初期のモダニズムが本来もっていたやや禁欲的なエトスを受け継いでいるのは当然といえよう。しかし、社会構造の変化に合わせて細かく分化し、過剰なまでの付加物をまとっている現行の施設計画のロジックとはそりが合わない。だからといって、ポストモダン的な饒舌なレトリックを受け入れるには、衒学《げんがく》的でリアリティが欠落した言説の羅列としてしか映らないので、それも不可能だ。

だからこそ、今一度人間の原点に立ち戻らなければならない。重要なのは、人間と建築のぎりぎりのあり方を前提に発想することである。その究極の計画とデザインの方法をもって建築のもっとも基本的な部分となすことが肝要なのである。無駄が削ぎ落とされた究極のデザインの力を見せるということで、ここで敢えて「限界デザイン」なる呼称をもってこれまで眺めてきた建築の新たな地平を位置づけてみたい。天災や戦争という危機的な事態に見舞われたときの人間にとって、生活の根源としての住まいに対して何が最低限必要であるのか、限られた資材や人的資源をもって何ができるのかを問わなければならない。

「限界デザイン」と同種の用例として昔から使われているのが、構造力学の世界でいう「限界状態設計」という概念である。材料のもつ性能のぎりぎりのところ（限界状態）を想定して、その状態で建造物の安全性を担保するというもので、1950年代にアメリカで提唱され、今日、世界で広く用いられている。以前は限界設計とも呼ばれていたが、現在は限界状態設計というい方が定着した。英語ではリミット・ステート・デザイン（LSD）という。

同様に、戦時下の量産体制の方式などを指して限界設計と呼ぶこともある。耐用年数を考えずに一時的に必要物資をローコストで量産できる体制を敷くことに意味があり、粗悪品の代名詞としていわれることもあるが、それによって予想外の技術が生み出されることがあるとして技術論的にはきわめて有効な手法である。米軍のジープや上陸用舟艇、リバティ船などがそうであり、本書で触れたジェームズウェイ・ハットやクォンセット・ハットと呼ばれるかまぼこ型の兵舎もその部類に属する。量産性、施工性、移動性という点を見ただけでも究極の兵舎であり、それが南極観測基地にまでおよんだという事実はきわめて意味深長である。

他方、まったく異なった文脈で昨今よく使われるのが、過疎地を指しての「限界集落」なる概念である。65歳以上の人口が50％を超した集落や自治体に対して適用されるもので、元来社会学の用語であったが、最近では新聞や週刊誌などでもごく普通に用いられている。通常の人間居住の形態としてはこれがぎりぎりの線ということで、限界なる語が使われるようになったと聞くが、その背後には姥捨《うばす》て山を思わせるようなどこかセンセーショナルな響きがあって、過疎地の人々がみずからを限界集落というには心理的な抵抗があるともいわれる。東日本大震災に遭遇した自治体や集落でもこれに相当するものが少なからず存在する。

だから、限界デザインを限界集落なる言葉と重ねて用いることは慎んだ方がよさそうだ。連想的には理解できるかもしれないが、その内容に開きがあるので無理がある。むしろ、機械工学や建築構造にならって住まいや施設の究極の状態を想定し、そこに適用されるべき計画・意匠を指して極限設計＝限界デザインと呼ぶのであれば、その方がはるかに理にかなう。本書の中で触れたように、無駄を一切剝ぎ取った移動住居はその点で示唆的である。機能や性能がむき出しとなっていながらも、内に文化人類学的な意味でのコスモロジーを宿し、人々の精神や心的構造に対応した居住モデルが巧みに構築されうるのである。

そのような観点から、本書の内容を改めて咀嚼《そしゃく》し、「限界デザイン」の成立要件について具体的に考えてみたい。大きく以下の4点をその基本に据えてみる。

1 生存のためのシェルター

建築を使う人間の側から見ると、生きながらえるための覆い屋＝シェルターこそが、限界デザインの基本である。住まいは何よりも身を守り、人々の触れ合いの場所でなければならない。啓蒙主義に始まる建築論が、未開という文脈におかれた「プリミティブ」な住まいの像を通してまさにその点を突き詰め、20世紀に入って文化人類学の発展とともに歴史の枠組みから取り残された地域の住居のあり方を俎上に載せて、住まいの根源的な意味を問うてきた。今日しばしば引き合いに出される安心、安全、安寧という基準は、死が隣り合わせになっていたその昔の社会においては、必ずや達成しなければならない目標であり、住居はその最後の砦であったといってもよい。災害で家を失った人々が求めるのは、心が安らぎ家族や仲間が手を取り合って生き続けることのできる空間なのである。その点では「始原の小屋」モデルは今なお有効であり、地域の気候や風土に応じてそれが天幕となったり丸太小屋となったりしつつも、一定の領域性をもったみずからの場所を成立させるのである。本来の住まいとはそうあるべきものである。

2　最小限化された空間のしつらえや手順

緊急時の住まいや施設に求められるぎりぎりの状態を前提にして、住まいのつくり方を決めていく。限界を見据えたデザインということで、これこそが語の本来の意味において限界デザインのあり方を示している。ぎりぎりの条件をクリアするためには、すべてを最小限化することが肝要である。まずは、空間から一切の無駄なものを剝ぎ取って要素を単純化する。修道院モデルを引き合いとすると、シトー会修道院のように無装飾でむき出しとなったがらんどうの空間をつくることもひとつであり、またカルトジオ会のように分節された個室の集積があって初めて全体となることもあるかもしれない。こうした空間をつくるにあたって、すべての手順は最小限化することが望まれる。工程を最短となしてその数を最小とする。部材の数も最小限にしてコストも落とす。一挙に何千というロットを短期間でつくるためには、まさに戦時体制のような発想が必要である。ハウスメーカーは、災害が発生するとラインを仮設住宅用に回して一気に増産体制をはかるという独自の生産システムを構築しているが、代用材でそれをこなすことも可能である。限界デザインを究めていく上で、代用材の開発と使用という選択肢も大いに参考になるだろう。実際、紙管の利用は最初の頃は代用材料として始まったが、いまやその技術が汎用化して万国博のパビリオンまでつくれるようになってきた。日乾煉瓦も同様である。

3 使い回しによる価値の再生

建築には耐用年数という指標がある。現実には法で定められる償却の考え方が支配して、木造住宅が22年、鉄筋コンクリートの住宅は47年と法定耐用年数が定められているが、現実の物理的な耐用年数よりはかなり短く設定されている。耐用年数を越すと建物の不動産としての価値が著しく下がるため、短いサイクルでの建物の取り壊しと建て替えを引き起こしている。これではもったいないということで、最近では国が200年住宅といった方向を出していろいろな試みを行うようになったが、現実のマーケットがそこに到達するのはまだ先の話である。その一方で、過疎化が進み、先進国は軒並み空き家化という問題を抱えるようになった。まだ使える建築が、家主がいなくなって放置されているということである。こうした資産を文脈の異なったところに移し替えて再利用するリロケーションという発想が限界デザインの可能性を押し広げる。前に述べた最小限化とは対極の発想だが、リサイクルというプロセスを経て不要なものが新たな価値をもって使い回されるということで、価値の再生に繋がるのである。

4　土着とのせめぎ合い

多くの人々にとって、その土地に生き続けるということは、住まいをつくる上でもっとも重要な事柄となっている。これは必ずしも定住を意味しているわけではなく、遊牧民であったとしても一定の土地を回遊することで地域の特質をそのまま受け継ぐ。土着的に住むといった場合、地元の石を切り出し、樹木を伐採し、土をこねるという行為によって家をつくり村をつくることを指すが、開発途上国の集落は安定したものではない。旱魃《かんばつ》や洪水といった天災がしばしば引き起こされ、あるいは戦争や部族間の争いによって住民がその土地を離れることが珍しくない。こうした危機に見舞われた住民、場合によっては難民にとって、限界デザインの考え方は重要である、難民キャンプのような避難所において、あるいは地元の村の再建に際して、住民が安心して起居できる場所を確保することが必要となる。村自体が集団移動するリセトルメントの事例も少なくない。生存のための基本要件、つまりは水と食糧の確保が求められ、そのためのロジスティックスを組み込んだプログラムを立てなければならない。先進国のように価値の問題を云々する余裕はないが、それでも土着の手法は住民の参画が容易であり、誰もがどこでも働くことが可能となる。この分野の研究はまだ始まったばかりであり、今後の展開が望まれる。

以上のように「限界デザイン」のエッセンスは、定常状態にある人々という以上に、危機に瀕し移動を余儀なくされている人々、つまりは限界状態にある人々を対象に、有限の資源を効率よく用いて、場所と空間、そしてサービスを提供するところにある。それを支えるのは、通常の制度的枠組みではなく、志ある人々の強い熱意であり、ボランティアの心である。『星の王子さま』に示されるように、有限の星である地球にしっかと腰を落ち着け、人々のネットワークを介して相互に助け合うことこそが、これまでにない新たな創造行為をもたらすのである。

註釈

1　Marc-Antoine Laugier, "Essai sur l'architecture", Paris, 1753 (2ème edition 1755)／邦訳はマルク＝アントワーヌ・ロージエ著、三宅理一訳、『建築試論』、中央公論美術出版、1996

2　Kenneth E. Boulding (1910–93) はイギリス生まれ、アメリカにおいて進化経済学を発展させる。宇宙船地球号の概念を打ち出した彼のエッセーたる"The Economics of Coming Spaceship Earth"は後にKenneth E. Boulding, "Beyond Economics: Essay on Society, Religion, and Ethics", University of Michigan Press, 1968に所収。

3　"Your Private Sky, R. Buckminster Fuller, Art Design Science", Lars Müller Publishers, The Museum of Modern Art, Kamakura, 2001, pp.80–83

4　Ibid. pp.156–177

5　ルイ＝アントワーヌ・ド・ブーガンヴィル（Louis-Antoine de Bougainville: 1729–1811）は、フランス海軍軍人として王政時代からナポレオン時代にかけて活躍し、フランス人として最初の世界周航を達成する。

6　Denis Diderot, "Supplément au voyage de Bougainville", Paris, 1771／邦訳はディドロ著、浜田裕輔訳、『ブーガンヴィル航海記補遺』、岩波書店、1991

7　「始原の小屋」にまつわる議論は既にルネサンスの建築論に現れるが、その後イタリアよりもフランスのジャン・マルタンの『建築論』に図解入りで登場し、18世紀の啓蒙時代のフランスに引き継がれていく。

8　Claude Perrault, "Les dix livres d'architecture de Vitruve", Jean-Baptiste Coignard, Paris, 1673, pp. 30–31

9　マルセル・グリオール（Marcel Griaule: 1889–1956）はフランスを代表する民族学者であり、特にマリのドゴン族の研究で知られる。ドゴンの盲目の賢者オゴテメリからの聞き語りから宇宙の開闢神話に至る"Dieux d'eau: Entretiens avec Ogotemmêli", Fayard, Paris, 1966／邦訳はマルセル・グリオール著、坂井信三＋竹沢尚一郎訳、『水の神—ドゴン族の神話的世界』、せりか書房、1997が世界的な評判を呼ぶ。

10　ジェルメーヌ・ディテルラン（Germaine Dieterlen: 1903–99）はグリオールを継ぐフランスの民族学者。グリオールと共同で出版した"Renard pâle", Institut de l'Etonologie, Musée de l'homme, Paris, 1965／邦訳はマルセル・グリオール＋ジェルメーヌ・ディテルラン著、坂井信三訳、『青い狐—ドゴンの宇宙哲学』、せりか書房、1986が反響を呼ぶ。

11　ミシェル・レリス（Michel Leiris: 1901–90）はシュルレアリスムの詩人として活躍する一方、グリオールとともに民族学の草分けとしても名を知られる。大部となったアフリカ紀行"Afrique fantôme", Gallimard, Paris, 1934／邦訳はミシェル・レリス著、岡谷公二＋高橋達明＋田中純一訳、『幻のアフリカ』、河出書房新社、１９９５は文化人類学の方法論をめぐって論争を呼んだ。

12　ジブチにおける遊牧民の定住化とそれにともなうスラムの発生については、小草牧子「東アフリカ紅海沿岸地域における不良住宅地区の持続的な居住環境改善に関する研究」、慶應義塾大学学位請求論文、２００７を参照。

13　小草牧子「紅海南西部地域における遊牧型住居に関する研究：ジブチ共和国に見られるイッサ族・アファール族の遊牧型住居について」、日本建築学会学術講演梗概集、F-2、１９９９、２２１〜２２２ページ

14　英語圏のフィンランド内戦の研究としては、Anthony F. Upton, "The Finnish Revolution 1917–1918", University of Minnesota Press, Minnesota, 1980, Risto Alapuro, "State and Revolution in Finland", University of California Press, Berkeley, 1988 などが挙げられる。

15　Tuomas Hoppu, "Casualties in the Battle for Tampere in 1918", Journal of Finnish Military History, 26, 2007, pp.8–35

16　マルッティ・ヴァリカンガス（Martti Välikangas: 1893–1973）は、機能主義時代のフィンランドを代表する建築家であり、カピュラ以外にもいくつもの集合住宅団地を手掛けている。

17　中谷正人「森と水を生かした集住の実験」、日本フィンランド都市セミナー実行委員会編、『ヘルシンキ／森と生きる都市』、市谷出版社、１９９７、80〜１２１ページ

18　ジャン・プルーヴェ（Jean Prouvé: 1901–84）はナンシーを拠点とした職人肌の建築家・技術者、プレファブリケーションの草分け的存在である。ナンシーの後、パリの国立工芸院（ＣＮＡＭ）で教鞭をとる。

19　「ジャン・プルーヴェ展」は、慶應義塾大学ＤＭＦがプルーヴェの家具を多く所蔵するドイツのヴィトラ・デザイン・ミュージアムと共同で制作し、２００４年9月に鎌倉の神奈川県立近代美術館で開催されたのを皮切りに、仙台メディアテック（２００５年8月）、東京D-秋葉原テンポラリー（２００５年9月）、トヨタテクノミュージアム産業技術記念館（２００５年11月〜12月）で実施され、その後は現在に到るまで世界各地を巡回している。

20　カトリーヌ・プルーヴェによる回想、カトリーヌ・プルーヴェ「軌跡」、ヴィトラ・デザイン・ミュージアム＋慶應義塾大学ＤＭＦ編、『ジャン・プルーヴェ』、ＴＯＴＯ出版、２００４、３３６〜３７１ページ

21　カトリーヌ・コレ「工房から工場へ」、前掲書、１１０〜１２３ページ

22　太田泰人「坂倉準三」、前掲書、３４５〜３５５ページ。ペリアンは坂倉準三の求めたプルーヴェの「戦争建築」を含む多くの図面を日本にもち込んだ。

23　アスワン・ハイ・ダム建設にともなうリセトルメントの結果、エジプト側で10万人から12万人が移住を果たし、スーダン側でもその半数が動くことになったと言われる。Thaylor Sccuder, "The Aswan High Dam Case", 2003 (unpublished manuscript) 参照。

24 ハッサン・ファトヒ（Hassan Fathi: 1900–89）はエジプトの地域性を特に意識した作風で知られるが、その基本はモダニストであり、建築＝ハウジングを介して社会改良の実現を果たさんとした。

25 上エジプトから中エジプトにかけて、古代から中世にかけて多くのコプト修道院が建設されたが、日乾煉瓦等の技術が向上するのはむしろ中世に入ってからである。アンバ・ハドラ修道院は水環境技術とともに高度な地域技術の蓄積を示す例といえよう。三宅理一＋平 剛著、『砂の楽園―コプトの僧院』、TOTO出版、1996を参照。

26 フランス語版はHassan Fathy, "Construire avec le peuple: Histoire d'un village d'Egypte: Gourna", Ed. la Bibliotheque Arabe, Sète, 1970、英語版はHassan Fathy, "Architecture for the Poor: an Experiment in Rural Egypt", University of Chicago Press, Chicago, 1973

27 Leila el-Wakil, Nadia Radwan, "Save Hassan Fathy's New Gourna", Do.Co.Mo.Mo., March, 2008

28 近年は北方交易を毛皮貿易の視点で深めた優れた研究が現れている。たとえば、森永貴子著、『ロシア最初の世界周航と毛皮貿易』、一橋論叢、133（2）、2005、148～168ページ

29 篠津屯田兵村史編集委員会編、『篠津屯田兵村史』、江別市篠津自治会、1982を参照。

30 日本大学は1966年以来、昭和基地の建造物の開発と研究支援を行ってきており、中心にいた平山善吉がその経緯を含めて建築の仕様を詳しく論じている。平山善吉著、『南極・昭和基地の建物―研究と設計』、丸善プラネット、2004

31 佐藤稔雄＋平山善吉著、「南極昭和基地建物のプレファブリケーション・システムの変遷について」、国立極地研究所年報、1985、99～106ページ

32 阪神淡路大震災の被害者は、死者6434名、行方不明者3名、負傷者は4万人に上り、死者の大半は兵庫県居住者であり、木造家屋の倒壊による圧死が8割を占めた。

33 建築基準法は大正期の市街地建築物法（1919）を前身として、改正を繰り返しながら内容を充実させてきた。近年では十勝沖地震（1968）に際して鉄筋コンクリートの剪断破壊による被害が発生したことで施行令改正（1971）がなされ、宮城沖地震（1978）を経て、1981年に新耐震設計法の導入による建築基準法（施行令）の大改正が行われた。以降の建築は「新耐震」と呼ばれるようになる。2000年の建築基準法改正では、地盤の耐力（地耐力）の調査が実質的に義務付けられた。

34 Society at a Glance: OECD Social Indicator, 2005 Editionより。「少なくともひとつの団体で無償で働いている人の割合」から割り出した。

35 震災後、反省を込めて多くの手記、論文の類が出版されている。なかでも、柏原士郎＋上野 淳＋森田孝夫著、『阪神・淡路大震災における避難所の研究』、大阪大学出版会、1998、松井 豊＋水田恵三＋西川正之著、『あのとき避難所は：阪神淡路大震災のリーダーたち』、ブレーン出版、1998、は貴重なデータを提供してくれる。

36 麦倉 哲・文 貞實・浦野正樹著、「エスニック・コミュニティの被災状況と救援活動―神戸市長田地域でのベトナム人、在日韓国人への救援活動

の諸相―」、岩崎信彦・鵜飼孝造・浦野正樹・辻 勝次・似田貝香門・野田 隆・山本剛郎編、『阪神・淡路大震災の社会学』、第2巻、昭和堂、１９９９、２２４~２４７ページ

37 坂 茂の紙管を用いた一連の建築については、坂 茂著、『紙の建築 行動する―震災の神戸からルワンダ難民キャンプまで』、筑摩書房、１９９８、に経年的にまとめられており、プロジェクトの展開がわかりやすい。

38 仮設住宅は震災発生から5年弱の１９９９年12月で入居者がゼロになって解消する。

39 １９９８年2月に日本建築学会にて開かれた「アーキテクチュア・オブ・ザ・イヤー」にてこの「紙のログハウス」とモンゴルのゲルが実物展示され、仮設住宅のあり方に関してシンポジウム等が実施された。

40 国土交通省国土審議会の国土政策部会に設けられた委員会（委員長：大西 隆東大教授）で議論を重ね、２０１１年2月に中間とりまとめが発表された。東日本大震災の前であるので、今後、いくつかの修正を行って本報告に至ると思われる。

41 三宅理一著、『負の資産で街がよみがえる』、学芸出版、２００９

42 Shrinking Citiesの考え方は、世界各地の状況を同じにする都市の間での問題の共有から始まり、現在では、研究ネットワークや相互支援ネットワークができつつある。たとえば、２００４年に始まった欧米をつなぐ「Shrinking Cities International Research Network=SCiRN™」は日本でも活動を行っている。

43 Ştefan Ghenciulescu, Constantin Goagea, Kai Völker ed., “Magic Blocks – Senario pentru blocurile din perioada socialistă în Bucureşti”, Zeppelin, Bucureşti, 2009, p.18

44 三宅理一、「リ・ロケーションが切り拓く環境思想―アグリー・ダックリン症候群を越えて」、『新建築』、２０１０年3月号、36~41ページ

45 国連ミレニアム開発目標（MDGs）とは、２０００年にニューヨークで開かれたミレニアム・サミットで採択された「国連ミレニアム宣言」で、貧困、初等教育、ジェンダー、乳幼児の健康、出産、エイズ、環境、パートナーシップの8項目にわたって達成目標が設定された。国際機関や先進国の開発途上国援助もおおむねこの目標に沿って戦略が組まれている。

46 ＪＩＣＡ現地事務所の報告による。内戦終結、独立という流れの中で、人々の士気は上がっており、就学率もその影響を強く受けている。

47 現在の国際協力機構（新ＪＩＣＡ）は、１９７４年設立の国際協力事業団（ＪＩＣＡ）と１９６１年設立の海外経済協力基金（ＯＥＣＦ、１９９９年に国際協力銀行（ＪＢＩＣ）へと改組）が２００８年に合併して成立した。前者は海外での技術協力を、後者は円借款供与を目的となし、我が国の政府開発援助（ＯＤＡ）の実施を担い、合併によってＯＤＡの一元化がはかられた。

48 ２０００年4月にセネガルのダカールにて開かれた「世界教育フォーラム」において、開発途上国の教育の在り方をめぐって就学前教育の拡大、無償初等教育への機会の徹底、成人識字率の改善等6つの目標が採択された。

49 成長のための基礎教育イニシアティブ（Basic Education for Growth Initiative=BEGIN）は2001年のジェノバ・サミットにおいて時の小泉純一郎首相が「米百俵の精神」を引いて、自助努力にもとづく基礎教育を支援し、途上国の貧困からの脱出を訴えたことを契機として外務省によってまとめられた。

50 ネパールの地方自治は、県（zone）、郡（district）、VDC（village development committee）、村（ward）に分かれており、フィリム村はガンダキ県ゴルカ郡シルディバスVDCに存在する。教育関係は郡の監督下にVDCが所管する。

51 第1期工事の記録はAAF著、『ヒマラヤに学校を建てよう！建築家のボランティア奮闘記』、彰国社、2005にまとめられている。

52 Voltaire, "Poème sur le désastre de Lisbonne", reproduction de l'édition de Paris, 1756, Paris

53 東日本大震災に関する全国の若者を対象とした防災意識に関する調査の結果によると、今回の震災に対応した諸機関の中で自衛隊に対する評価は群を抜いて高く、逆に国会に対する評価はきわめて低い。復興会議の存在を知らない学生は8割に上る。藤女子大学三宅研究室「全国の学生を対象とした防災意識に関する意識調査」（2011年7月）

54 東日本大震災では、津波被害に加えて福島原子力発電所の炉心溶融という別の大規模災害が引き起こされたため、原発周辺の住民の避難が相次ぎ、途中で避難者が増加するということこれまでにない傾向が現れた。

55 坂茂、「善意の積み重ね」、朝日新聞、2011年3月25日

あとがき

もうだいぶ前の話になるが、ジャン・プルーヴェの展覧会を主催者として日本で行う機会に恵まれた。本書の中でも戦災難民用住宅の建築家として取り上げたが、その「6-6メートル住宅」を実際にフランスから日本に運び、鎌倉の美術館を皮切りに国内4都市で展示した。その名の通り、6m四方の住宅であるが、実際にそれを組み上げてみると、設計者の意図がよくわかる。丹念な曲げ加工のなされた鉄の「ポルティーク」を中央に建て、腕木を伸ばして骨格をつくっていくもので、ちょうど人間が両腕を水平に伸ばし、足を開いて踏ん張るかたちになって屋根材を支える。円形の中に人体が納まった有名なダ・ヴィンチの「ウィトルウィウス的人間像」をついつい頭に描いてしまった。

それに対して坂　茂の紙管の建築は軽やかである。実際に東日本大震災の被災者支援のため、宮城県や福島県で仮設間仕切りを組み立ててみると、ひとりの人間が柱を何本も抱えて運ぶことができ、一切の道具を省いて手だけで組み立てができる。精度は異なるが、ソマリアやエチオピアで出会った遊牧民のテント式の住居を想い起こした。男たちが木の枝によるフレームをつくり、女たちが樹皮を噛みほぐして茣蓙《ござ》のような外被を編んでいく。

建築家は想像力を駆使してデザインを達成させるが、その背景には生まれ育った国の文化や個人の体験なりが深く横たわっている。フランスには古典主義の規範に加えて石や鉄の技術革新の歴史があり、日本には木造の長い伝統がある。アフリカや中東で長く過ごした人は土着性に強い関心を示し、砂漠の遊牧住居からさまざまな想を得る。そこまでならばいわゆるヴァナキュラー（土着派）の域を出ないが、最近の新たな流れは、地球の中で偏在していたこのような建築のあり方を新たな方法論に沿って組み上げ、地球環境時代にふさわしいデザインを生み出すまでになっている。グローバル戦略に組み入れられたといってもよい。開発途上国に足繁く通うことに対して、以前であれば都落ち、さもなければ落ち穂拾い的な眼で見られたものであるが、最近は周りが変わってきて、アフリカやアジアの国々が新たな発想の源として高い評価を受けるようになっている。

本書は、このような動きを建築デザインの流れの中で再度方向づけてみようとの問題意識にもとづいて執筆された。19世紀以来のさまざまな試みを整理することから始め、さらに未開といわれた地域に固有の技術とデザインに着目し、戦争や天災に際した建築のあり方を、ロジスティックスを含めて論じてみた。実際に世界各地を回ってみて、人々がみずからの覆い屋＝シェルターをつくることにかける智慧《ちえ》とエネルギーは相当のものである、建築なる行為のもつ奥行きの深さに改めて感じ入った次第である。本書の中で取り上げた建築の事例はあまたある試みのほんの一部にしか過ぎない。人々の眼が届かないところで強い信念に支えられてこうした活動をしている多くの人々に心からの敬意を表したい。

今回の企画の下敷きになったのは、私が現在勤めている藤女子大学の大学院授業「人間生活学特講」の講義である。4か月にわたる講義内容を加筆訂正して現在のかたちにまとめ直した。編集に携わった清水栄江氏は、7年前のジャン・プルーヴェの作品集を担当頂き、いままたこのようにしてお世話頂くことになったことは奇遇であり、感謝に堪えない。この場を借りて改めてお礼申し上げる。

2011年9月末日

三宅理一（みやけ・りいち）

1948年、東京生まれ。東京大学工学部建築学科卒業、同大学院修士課程を経て、パリ・エコール・デ・ボザール卒業。工学博士。芝浦工業大学、リエージュ大学、慶應義塾大学、パリ国立工芸院で教鞭をとり、現在、藤女子大学教授。建築史、地域計画、デザイン理論、遺産学を専攻。世界各地で地域振興、デザイン促進事業に関わり、国際機関等とともに開発途上国の持続的発展プログラムを手掛ける。主要著書として『異界の小都市』（TOTO出版、1994〜96）、『次世代街区への提案』（監著、鹿島出版会、1998）、『近代建築遺産の継承　日仏都市会議2003　都市の21世紀「文化をつむぎ、文化をつくる」（2）』（監著、鹿島出版会、2004、全2巻）、『負の資産で街がよみがえる――縮小都市のクリエーティブ戦略』（学芸出版社、2009）、『パリのグランド・デザイン――ルイ十四世が創った世界都市』（中央公論新社、2010）、『秋葉原は今』（芸術新聞社、2010）など多数。

TOTO建築叢書　1

限界デザイン

人類の生存にむけた星の王子さまからの贈り物

2011年11月18日　初版第1刷発行

著　者　三宅理一
発行者　遠藤信行
発行所　TOTO出版（TOTO株式会社）
〒107-0062　東京都港区南青山1-24-3　TOTO乃木坂ビル2F
［営業］TEL．03-3402-7138　FAX．03-3402-7187
［編集］TEL．03-3497-1010
URL: http://www.toto.co.jp/publishing/
校正　株式会社鷗来堂
印刷・製本　株式会社東京印書館

Printed in Japan
ISBN978-4-88706-322-8